Georg von Below

Das Duell und der germanische Ehrbegriff

Georg von Below

Das Duell und der germanische Ehrbegriff

ISBN/EAN: 9783743699571

Hergestellt in Europa, USA, Kanada, Australien, Japan

Cover: Foto ©ninafisch / pixelio.de

Weitere Bücher finden Sie auf **www.hansebooks.com**

Das Duell

und der

germanische Ehrbegriff.

Von

Dr. Georg von Below,

ord. Professor der Geschichte.

Kassel.

Verlag von Max Brunnemann.

1896.

Inhalt.

✳

„Ein Duell? O Mittelalter, wann wirst Du endlich ausgestorben sein?"

Diese Worte legt Bertha von Suttner in dem Roman High-Life einem aufgeklärten Deutschen Prinzen in den Mund.

Daß das Duell aus dem Mittelalter stamme, erzählen uns auch die Gelehrten.

„Das persönliche Selbstgefühl der Germanen forderte gerade bei der Ehrverletzung eine mannhafte, kriegerische Genugtuung. Die Fehde erhielt sich für diesen Fall bis in die späteste Zeit, und was wir hier wahrnehmen, ist die durch Jahrhunderte sich hindurchziehende, alte zähe Wurzel des heutigen Duells." „In der germanischen Welt gewinnt die Ehre eine tiefere individuelle Bedeutung. Der Einzelne ist daher auch jeden Augenblick bereit, diese vorwiegend individuelle Ehre selbst durch die Einsetzung seines Lebens zu beweisen. Das ist der Grund des Ehrenduells, von dem Römer und Griechen nichts wissen." „Beleidigungen, üble Nachreden über unehrenhafte Handlungen oder Gesinnungen gehörten im Mittelalter nicht, wie die schwerern Verbrechen, vor die Gerichte; man war weit davon entfernt, etwa seine Ehre um Geld anzuschlagen und mit der römisch-rechtlichen Injurienklage vor Gericht aufzutreten." „Das persönliche Fehderecht und die persönliche Fehdepflicht hat sich auf dem Gebiet behauptet, welches wir heute als das der Ehrensachen bezeichnen, und das ist der Ursprung unsres Duells." „Das moderne Duell nahm seinen Ursprung im Ritterwesen und vor allem im gerichtlichen Zweikampf." „Das Duell ist auf dem religiös-romantischen Boden der Gottesurteile entstanden." „Die statutarische Gesetzgebung über die Ehrverletzung ist im Mittelalter nur für die mittleren und niederen

Stände berechnet gewesen, nicht aber für die höheren. Für diese galt ohne Zweifel im Felde der Injurien das mittelalterliche Fehderecht".

Ich könnte diese Blütenlese von Urteilen deutscher Gelehrten leicht noch um das hundertfache vermehren. Wozu aber? Sagt sich nicht jeder Leser selbst, daß jene nur aussprechen, was ihm von jeher geläufige Ansicht gewesen ist?

Im einzelnen sind sich die Gelehrten, wie man sieht, ja freilich nicht einig. Der eine bringt das Duell mehr mit dem gerichtlichen Zweikampf, der andere mehr mit dem Fehdewesen in Zusammenhang. Einig aber sind sie in dem Hauptpunkte, darin nämlich, daß das Duell in seinem Wesen aus dem Mittelalter stammen, der specifische Ausdruck des Ehrbegriffs der Germanen und namentlich des mittel= alterlichen Rittertums sein soll. Die Gegner des Duells fällen darüber dasselbe Urteil wie seine Anhänger. Diese rechtfertigen damit das Duell; jene fühlen sich teils durch den germanischen Ursprung, den man ihm zuschreibt, beengt, teils verwerfen sie es gerade deshalb, weil es ein Überbleibsel des Mittelalters sei.

Die Anschauung von dem germanischen und ritterlichen Ursprung des Duells, die so allgemein geteilt wird, ist jedoch tatsächlich ein vollkommener Irrtum, einer der größten und zugleich verhängnis= vollsten Irrtümer, die die Weltgeschichte kennt, — verhängnisvoll durch die sittliche Verwirrung, die er verursacht hat, und durch die Zahl der Menschenleben, die ihm zum Opfer gefallen sind.

Dem Mittelalter, wenigstens dem Deutschen Mittelalter, ist das Duell durchaus fremd. Der Germane hat eine Auffassung von der angemessenen Erledigung eines Ehrenhandels, die dem Duellstandpunkt aufs allerschärfste gegenübersteht. Der Deutsche Ritter des Mittel= alters würde das Duell als etwas lächerliches angesehen haben. Die Einrichtung des Duells ist ebenso undeutsch wie das Wort. Es ist geradezu lächerlich, aus dem Duellwesen sich den Ehrbegriff des Ger= manen und des Ritters zu construieren. Ich trage gar kein Bedenken zu behaupten: kein deutscher Abliger und ganz besonders kein Mit= glied einer alten deutschen Adelsfamilie, dem der historische Ursprung des Duells bekannt ist, darf den Duellstandpunkt vertreten.

Die folgenden Blätter wollen den Nachweis für die soeben auf= gestellten Sätze erbringen. Sie wollen also zeigen, daß das Duell dem germanischen Geiste fremd ist, und zugleich, auf welchem andern Boden es erwachsen ist. Meine Beweisführung wird sich verhältnis= mäßig einfach gestalten. Meistens nämlich werde ich mich darauf beschränken können, an Tatsachen zu erinnern, die jeder Kenner der Deutschen Rechtsgeschichte unbedingt zugeben wird, die nur mit der erforberlichen Unbefangenheit betrachtet zu werden brauchen, um das wahre Bild von den Verhältnissen der Vergangenheit zu liefern. Ich brauche den Leser nur zu bitten, vorurteilslos die Tatsachen, die ich anführen werde, sich zu vergegenwärtigen; dann wird er sofort erkennen, daß die herrschende Meinung durch sie schlechthin ausgeschlossen wird, daß die Anschauung von dem germanischen Ursprung des Duells eine Fabel ist, auf Legendenbildung späterer Zeiten beruht. Soweit die nachfolgenden Mitteilungen die Ergebnisse neuer Studien sind, verweise ich auf Untersuchungen, die ich an anderer Stelle niederlege. [1]

Ich beginne mit einigen Bemerkungen über Einrichtungen des Deutschen Mittelalters, an die man das Duell hat anknüpfen wollen.

Der gerichtliche Zweikampf.

In der äußeren Gestalt hat das Duell unzweifelhafte Ähnlichkeit mit dem gerichtlichen Zweikampf des Mittelalters. Allein über der äußeren Ähnlichkeit darf man nicht die tiefe innere Verschiedenheit übersehen. Je genauer man sich über den gerichtlichen Zweikampf des Mittelalters unterrichtet, desto mehr erkennt man, wie vollkommen sich das Duell von ihm in seinem Wesen unterscheidet. Schon das wenige, was wir hier anführen wollen, wird den scharfen Gegensatz zwischen beiden erkennen lassen.

Zunächst ist das Duell ein außergerichtliches und sogar ungesetzliches Verfahren. Es beruht auf principieller Verachtung des Gerichts, des Rechtsweges. Diejenigen, welche auf dem Duellstandpunkt stehen, erklären die Beschreitung des Rechtsweges für die Erreichung der Zwecke, denen das Duell dienen soll, für unangemessen, sogar für entehrend. Dagegen der gerichtliche Zweikampf ist eben ein gerichtlicher Akt. Er geht vor Gericht vor sich, und das Gericht

---

[1] Vgl. meine Abhandlung im Januarheft (1896) der Göttingischen Gelehrten Anzeigen (daselbst auch weitere Litteratur). Weitere Untersuchungen lasse ich in der Zeitschrift f. d. gesammte Strafrechtswissenschaft folgen.

erfennt barüber, ob er im einzelnen Falle zuläffig ift. Er bildet ferner nur einen Teil bes gerichtlichen Verfahrens; er fällt nicht mit ihm zufammen; er bildet nicht einmal feinen Abfchluß. Beim Duell befteht bas ganze Verfahren im Duell unb enbigt auch bamit. Beim gerichtlichen Zweifampf bagegen folgt auf ben Ausgang bes Kampfes noch bie Execution; feineswegs liegt im Kampfe bie Strafe; burch ben Ausgang bes Kampfes wirb erft entfchieben, wen eine Strafe trifft. Wie es im Schwabenfpiegel heißt: „wirt der über-wunden, uff den man du sprichet, man riht über in, als reht ist". Nur wenn ber Tob bes einen Prozeßgegners eintritt (ber nie Zweck bes Kampfes ift), fann bie Strafe fortfallen.

Noch weitere Unterschiebe ergeben sich, wenn wir auf bie Fälle achten, in benen ber gerichtliche Zweifampf zuläffig ift. Er hat, wenigftens in ber erften Hälfte bes Mittelalters, eine fehr aus-gebehnte Verwenbung gefunben. Der tiefere Grunb bafür lag barin, baß bas Beweisverfahren bamals noch unbeschreiblich roh, noch überaus formaliftifch war. Die häufige Anwenbung bes Zweifampfes ift nicht bas einzige Beifpiel, in bem sich ber unvollfommene Zuftanb bes Beweisverfahrens jener Zeit äußert. Neben ihm ftehen z. B. bie Gottesurteile bes glühenben Eifens unb ber Wafferprobe unb bas Inftitut ber Eibeshelfer. Da man sich nicht barauf verftanb, in fachlicher Weife bie Schulbfrage zu ermitteln, griff man zu fo rohen, rein formalen Mitteln. Höchft charafteriftifch für jene Zeit ift es, baß man ben Zweifampf nicht blos für bie Ermittelung ber Schulb-frage, fonbern gelegentlich auch bazu angewanbt hat feftzuftellen, was eigentlich Recht fei. So wirb von Kaifer Otto I. berichtet, baß er, als es zweifelhaft geworben war, ob bie Enfel nach bem Tobe ihrer Väter mit ben Oheimen zur Erbfchaft ihrer Großväter berufen feien, bie Frage einer Reichsverfammlung vorlegte, auf ber beschloffen wurbe, sie burch Zweifampf entfcheiben zu laffen. In ber Tat wurbe bie Sache burch gemietete Kämpen ausgemacht: ber Sieg blieb auf Seiten berer, welche sich für bas Repräfentationsrecht ber Enfel ausgefprochen hatten. Von König Alfons VII. von Kaftilien (1126—57) ferner hören wir, baß er burch einen Zweifampf bie Frage entfcheiben ließ, ob bei Abhaltung bes Gottesbienftes bie alte fpanifche ober bie römifche Liturgie bie beffere fei. So häufig aber aber auch ber Gebrauch bes Zweifampfes im Mittelalter ift, fo be-beutenb bie Rolle, bie er im gerichtlichen Verfahren fpielt, — für eine Art von Streitigfeiten ift er am wenigften angewanbt worben, unb bas finb gerabe bie — Ehrenhänbel!!! Im allgemeinen nämlich barf man fagen, baß ber gerichtliche Zweifampf nur bei schwereren Verbrechen als zulässig angesehen wurde. Vergegenwärtigen wir uns, um etwas mehr ins einzelne einzugehen, beispielsweise das System, das im sächsischen Rechtsgebiet im dreizehnten Jahrhundert, also im rechten Mittelalter, bestand. Hier konnte der Zweikampf stattfinden, wenn die Anschuldigung wegen Friedensbruchs erhoben wurde. Dahin gehörten wohl alle Verbrechen, welche mit Todes= strafe oder Handabhauen bedroht sind. Erwähnt werden: Notzucht, Diebstahl und Raub, Totschlag, Lähmung und erhebliche Wunde (d. h. Fleischwunde), insbesondere Friedensbruch im engeren Sinne (Verletzung des besondern Friedens, der gewissen Orten, Zeiten, Personen, Sachen gesetzlich zukommt u. s. w.). Daß der Zweikampf auch bei Ehrenhändeln stattfand, wird gar nicht erwähnt! Nichts beweist schlagender, daß der moderne „Ehrenkampf" nichts mit dem gerichtlichen Zweikampf des Mittelalters zu tun hat, als die Tat= sache, daß man im Mittelalter den Zweikampf anwandte, um den Dieb des Diebstahls zu überführen! Nicht weniger charakteristisch ist es für den Zweikampf des Mittelalters, wenn Rechtsdenkmäler von weitem Geltungsgebiet die Zulässigkeit des Zweikampfes an einen bestimmten Minimalwert des Streitobjectes knüpfen. So spricht z. B. der Schwabenspiegel davon, daß der Kläger klage, der Gegner „habe ihm so viel von seinem Gut genommen, daß es Kampfes würdig sei". Eine solche bestimmte, in Zahlen ausgedrückte Be= grenzung des kampfwürdigen Streitobjectes kannte man auch in Frankreich. Daß die Kampfwürdigkeit einer Wunde ebenfalls von ihrer Erheblichkeit abhing, haben wir bereits angedeutet. In dieser Hinsicht bemerken wir wiederum den vollkommenen Gegensatz zum Duellstandpunkt. Im Mittelalter wird bei schwerer Verwundung zum Zweikampf herausgefordert. Der moderne Duellant denkt bei schwerer Verwundung nicht mehr an eine Forderung; dagegen wenn er einen einfachen, ganz unblutigen Schlag erhalten hat, dann erfolgt die Forderung. Gerade in einem solchen Falle aber ist im Mittel= alter der Zweikampf ausgeschlossen. Der Sachsenspiegel, welcher ihn bei der Fleischwunde für zulässig erklärt, sagt andererseits (II, 16 § 8): „wen man ohne Fleischwunde schlägt oder Lügner schilt, dem soll man Buße (Geldbuße) geben nach seiner Geburt". Wo ist da der dem Duell mit dem gerichtlichen Zweikampf gemeinsame Zug?!

Vom dreizehnten Jahrhundert, dem die genannten Beispiele angehören, wenden wir uns noch in eine frühere Periode. Für die sog. fränkische Zeit, d. h. die Zeit vom fünften bis zum neunten Jahrhundert, haben wir ein sehr reiches Material von Rechtsdenk= mälern in den sog. Volksrechten, dem salischen, ribuarischen, ala=

mannischen, langobarbischen u. s. w. Rechte. Diese enthalten über Ehrenkränkungen und ihre Ahndung höchst detaillierte Mitteilungen. Allein nur einmal geschieht in ihnen des Zweikampfes Erwähnung: nach langobarbischem Rechte dürfen nämlich bestimmte einzelne Verläumbungen durch gerichtlichen Zweikampf erhärtet werden. Wohlbemerkt: nur bestimmte einzelne; keineswegs kommt bei Beleidigungen überhaupt der Zweikampf in Anwendung. Es besteht ferner kein Zwang: der Beleidiger ist nicht verpflichtet sich auf den Zweikampf einzulassen; will er es nicht auf den Wahrheitsbeweis ankommen lassen, so giebt er eine Ehrenerklärung ab. Endlich: wenn der Beleidiger im Zweikampf unterliegt, so ist damit noch keineswegs der Ehrenhandel erledigt; es wird vielmehr jetzt noch die Geldbuße verhängt.

Immerhin bietet das langobarbische Recht doch wenigstens einen Fall der Anwendung des Zweikampfes bei Ehrenkränkungen, wenngleich die Art der Anwendung von Grund aus verschieden ist von der, die das moderne Duell findet. Und so ließen sich noch ein paar Rechtsdenkmäler anführen, die auch den Zweikampf bei Beleidigungen für zulässig erklären. Allein es handelt sich eben nur um vereinzelte Fälle, um Ausnahmen. Die Regel ist, daß im Mittelalter der Zweikampf gerade bei Ehrenhändeln nicht stattfindet. Nicht das ist charakteristisch, daß er vereinzelt wegen einer bestimmten Beleidigung als zulässig angesehen wird; sondern darin liegt das charakteristische, daß er im großen und ganzen gerade bei Ehrenhändeln ausgeschlossen ist. Und selbst in den seltenen Fällen, in denen er als zulässig gilt, hat er eine durchaus andere Stellung als das moderne Duell. Wir haben das zum Teil schon auseinandergesetzt. Wir müssen jedoch etwas wesentliches in dieser Hinsicht noch hinzufügen. Dem Umstande nämlich, daß der gerichtliche Zweikampf nur einen Teil des gerichtlichen Verfahrens ausmacht, entsprechend findet er überall, wo er überhaupt zulässig ist, keineswegs ohne weiteres statt. Er ist nur das letzte Mittel zur Entscheidung von Rechtsstreitigkeiten, in denen sich völlig gleich gewichtige Rechtsbehauptungen der streitenden Teile gegenüberstehen. Nicht jede Anschuldigung wegen eines an sich kampfwürdigen Verbrechens kann in der Form der Kampfklage erhoben werden. Es überwiegt vielmehr regelmäßig die Unschuldsbehauptung des Beklagten. Damit es zum Kampfe komme, muß ihr der Kläger eine zwar nicht überwiegende, aber gleichwiegende Behauptung der Schuld entgegenstellen können. Es müssen, mit anderen Worten, für die

Schuld des Beklagten gewisse Anhaltspunkte klägerischerseits bei=
gebracht werden, die zwar für sich allein nicht zur Überführung
genügen, aber den Beklagten von seinem Recht ausschließen. Nur
ausnahmsweise also kann selbst bei an sich kampfwürdigen Verbrechen
zum Zweikampf geschritten werden. Wie schroff ist hier wiederum
der Gegensatz zum modernen Duell! Wir sehen, wie der Teutsche
des Mittelalters sich gewissenhaft bemüht die Schuldfrage zu beant=
worten, und nur diesem Zweck soll auch der Zweikampf, ein so rohes
Beweismittel er ist, dienen. Ganz anders dagegen der Duellstand=
punkt! Das moderne Duell dient gerade dazu, eine Erörterung der
Schuldfrage auszuschließen. Frau von Staël sagt sehr treffend:
„On a vu beaucoup d'hommes de bonne compagnie en France,
qui, accusés d'une action condamnable, répondaient: il se peut
que cela soit mal, mais personne du moins n'osera me le dire
en face." Eben hierin kommt nicht am wenigsten der tief unsitt=
liche, der — ich kann es nicht besser bezeichnen — von Grund aus
unteutsche Charakter des Duells zum Ausdruck! Frau von Staël
fährt fort: „Il n'y a pas de propos qui suppose une plus grande
dépravation; car où en serait la société humaine, s'il suffisait de
se tuer les uns les autres pour avoir le droit de se faire
d'ailleurs tout le mal possible; de manquer à sa parole, de
mentir, pourvu qu'on n'osât pas vous dire: ,vons en avez menti' :
enfin, de séparer la loyauté de la bravoure et de transformer le
courage en un moyen d'impunité sociale?" .

Sollen wir noch mehr Beispiele zum Beweise, daß das moderne
Duell von dem gerichtlichen Zweikampf des Mittelalters grund=
verschieden ist, häufen? Schon jetzt wird mir, glaube ich, jedermann
zustimmen, wenn ich sage: das Duell hat mehr mit dem Hahnen=
kampf gemein als mit dem gerichtlichen Zweikampf des Teutschen Mittel=
alters. Indessen warum sollen wir uns nicht das Vergnügen machen,
noch mehr Unterschiede aufzuzählen?

Man hat oft den gerichtlichen Zweikampf des Mittelalters
schlechthin als Gottesurteil aufgefaßt. Ein eigentliches Gottesurteil
ist er freilich nicht. Es kann jedoch nicht bezweifelt werden, daß bei
dem Zweikampf die Vorstellung wenigstens mit eingewirkt hat, durch
seinen Ausgang eine göttliche Entscheidung herbeizuführen. Dieser
ihm eigentümliche sittliche Gedanke, daß im Kampf die Gottheit dem
Rechte den Sieg verleihen werde, ist aber bei dem modernen Duell
nicht vorhanden. Und so darf man denn sagen: da der Satz:
„Deum adesse bellantibus credunt" nicht mehr gilt, hat der Zwei=
kampf auch keine sittliche Weihe mehr.

Nach dem modernen „Ehrencodex" ist derjenige ehrlos, der einen Gegner zum Duell herausfordert und dann zur verabredeten Zeit nicht erscheint. Dem Mittelalter ist eine solche Anschauung selbstverständlich fremd. Denn da der Zweikampf einen einfachen Bestandteil des gerichtlichen Verfahrens ausmacht, so trifft den ausbleibenden Kläger hauptsächlich nur der Nachteil, daß der Beklagte von der Klage losgesprochen wird, und daneben etwa noch eine Geldbuße.

Das moderne Duell ruht auf der Theorie von der Satisfactionsfähigkeit. Es gehört zwar zu den vielen Unklarheiten, die ihm anhaften, daß niemand genau zu sagen weiß, wer als satisfactionsfähig anzusehen sei. Nur ganz im groben läßt sich die Grenze ziehen. Man kann nur so viel sagen, daß Bauern, Handwerker, Ladenbesitzer und Arbeiter nicht als satisfactionsfähig gelten. Je weniger bestimmt aber die Grenze gezogen ist, desto stolzer sehen die „satisfactionsfähigen" Classen auf die „nicht satisfactionsfähigen" herab; ein Duell mit diesen ist absolut ausgeschlossen. Der Sohn des Händlers, der heute einen Titel gewonnen hat, sieht morgen die Standesgenossen seines Vaters als nicht satisfactionsfähig an.

Im Mittelalter war das Verhältnis fast das umgekehrte. Die ständischen Gruppierungen waren einfach und klar; von jedem konnte man sagen, wozu er gehörte. Dagegen war es keineswegs untersagt, daß ein höher stehender einen tiefer stehenden zum Zweikampf herausforderte. Ein Ritter z. B. konnte, ohne sich etwas zu vergeben, vor Gericht einen Bauern kämpflich ansprechen. Die Vorstellung, der man in populären Darstellungen so oft begegnet, nur Ritter hätten im Mittelalter sich dem Zweikampf unterzogen, ist barer Unsinn. Nur insofern bestand ein Einfluß der ständischen Organisation auf das Gerichtsverfahren, als der höher stehende die Herausforderung des tiefer stehenden nicht anzunehmen brauchte. Es war ihm aber durchaus nicht verwehrt. Und unter einander konnten die Angehörigen der unteren Classen sich ebensogut zum Zweikampf herausfordern wie die der höheren. „Der Zweikampf" — sagt Schäffner in seiner Geschichte der Rechtsverfassung Frankreichs — „war ein Mittel, welches allen Ständen gemeinschaftlich war; der Adel schlug sich ebenso unter sich wie die Roture und die Serfs (Unfreien); ebenso diente er aber auch zur Entscheidung derjenigen Ansprüche, die der Angehörige eines Standes an den eines andern hatte." Ein Unterschied tritt dann wohl noch in der Art der den einzelnen Classen zuerkannten Waffen hervor; doch herrscht in dieser Hinsicht große Mannigfaltigkeit; von einem durchgreifenden Unterschiede ist nicht die Rede. Die Vorrechte aber, die die höheren Stände besitzen, sind ihnen nicht speziell mit Rücksicht auf den Zweikampf verliehen, sondern ihre Privilegierung ist allgemeiner Natur, zeigt sich auch in anderen Stücken des mittel= alterlichen Gerichtsverfahrens. —

Wenn nun der gewaltige Abstand, der sich zwischen dem modernen Duell und dem gerichtlichen Zweikampf des Mittelalters gerade in dem tieferen Gehalt beider zeigt, schon ein Beweis gegen die Entstehung des einen aus dem anderen ist, so kommt weiter hinzu, daß noch während des Mittelalters Staat und Kirche daran gearbeitet haben, den gerichtlichen Zweikampf zu beseitigen, und daß ihnen dies bis zum Schluß des Mittelalters auch im großen und ganzen ge= lungen ist.

Die Beseitigung des Zweikampfes strebte zunächst das Christen= tum an und zwar bereits sehr früh. Eine nordische Aufzeichnung läßt einen Christen sagen: „übel gefällt mir das, wenn die Zwei= kämpfe wieder aufkommen; es ist das Sache von Heidenleuten". Im angelsächsischen Reiche — sagt Heinrich Brunner — übten auf die älteren Satzungen die Anschauungen der angelsächsischen Kirche einen weitgehenden Einfluß; er zeigt sich unter anderm in der Gestaltung des Beweisrechts, dem nicht nur der Zweikampf, sondern auch die ein= seitigen Ordalien fehlen. Das Rechtsbuch der Kirche des Mittelalters, das corpus iuris canonici, enthält mehrere energische Bestimmungen gegen den gerichtlichen Zweikampf. Neben der Kirche suchten die Monarchie und die Städte dasselbe Ziel zu erreichen, teils, wie eben angedeutet, hierin von der Kirche beeinflußt, teils selbständigen An= trieben folgend. Die Monarchie ist die große Culturträgerin des Mittelalters, und zu den unsterblichen Verdiensten, die sie sich er= worben, gehört auch die Einschränkung und schließliche Beseitigung des gerichtlichen Zweikampfes. In Deutschland, mit seiner meistens schwachen Centralgewalt, hat allerdings die Monarchie im Mittelalter nicht ganz das geleistet, was sie anderswo, insbesondere in Frankreich, wo sich die Centralgewalt kräftig entwickelte, erreicht hat. Den großen Reformen des französischen Königs Ludwig des Heiligen können wir leider keine entsprechende Tat eines deutschen Monarchen an die Seite stellen. In Deutschland haben wohl die Städte sich den größten Ruhm in dieser Hinsicht erworben. Doch sind auch die Verdienste der deutschen Monarchen (des Königs und der Landes= herren) um die Einschränkung und Beseitigung des gerichtlichen Zwei= kampfes jedenfalls nicht gering anzuschlagen.

Die Bemühungen der Kirche, der Monarchie und der Städte sind nicht von sofortigem Erfolge begleitet gewesen, wie ja überhaupt im Mittelalter bei der unvollkommenen Technik der Verwaltung die Gesetze nur langsam und sehr oft nur teilweise zur Durchführung gelangen. Schließlich aber ist doch überall das formale Beweismittel des Kampfes durch materielle Beweismittel ersetzt worden. Planck fällt in seinem Buche über das Gerichtsverfahren im sächsischen Rechtsgebiet das Urteil: „die Kampflage kommt bis zum Anfang des fünfzehnten Jahrhunderts allmählich außer Gebrauch, früher in den Städten, später im Landrecht". In anderen Gebieten behauptet sich der gerichtliche Zweikampf hier und da noch länger; am längsten, wie es scheint, in solchen Gegenden, in denen in Folge der terri= torialen Zersplitterung die Staatsgewalt besonders schwach war. Ganz vereinzelt kommt er sogar noch nach Schluß des Mittelalters vor. Im allgemeinen hat jedoch das sechszehnte Jahrhundert ihn kaum mehr gekannt.

Die Motive, aus denen man den Zweikampf zu beseitigen suchte, waren einmal der Wunsch, unnützes Blutvergießen zu verhindern, so= dann die Erwägung, daß der Kampf ein höchst ungeeignetes Beweis= mittel sei. Wie die Quellen ausdrücklich ergeben, hat man schon im Mittelalter klar erkannt, daß dieses Beweismittel ganz miserabel sei, und ist von dieser Überzeugung aus gegen den gerichtlichen Zwei= kampf vorgegangen. Die „Blume des Sachsenspiegels", aus dem Ende des 14. Jahrhunderts, sagt über den gerichtlichen Zweikampf: man helt dys nicht vil me um desswillen, daz gar vil vorworrens in kampfe eczwen lag und vil mysseteter sich mete beschonten, und waz auch wedir dy czehen gebot. Werden nicht durch dies schlichte und doch auf so einbringender Beobachtung beruhende Urteil aus dem 14. Jahrhundert all' die zahllosen gespreizten und phrasen= haften Reden des 19. Jahrhunderts über die angebliche Unentbehrlich= keit des Zweikampfes widerlegt? — Ein charakteristischer Vorfall, der in greller Weise die Verkehrtheit der Anwendung eines rein formalen Beweismittels beleuchtet, wird uns im corpus iuris ca= nonici berichtet, zur Warnung für die Nachwelt! Es hatten da= nach zur Zeit des Papstes Innocenz III. in Spoleto mehrere Personen, des Diebstahls angeklagt, sich behufs Feststellung der Schuldfrage dem Zweikampf unterziehen müssen und waren darin unterlegen. Dann jedoch stellte sich nachträglich heraus, daß die Diebe andere Personen waren! In der Überschrift des betreffenden Kapitels des corpus iuris canonici wird das kirchliche Verbot der Duelle und anderer sog. Gottesurteile mit den Worten motiviert: weil durch sie multoties condemnatur absolvendus et Deus tentari videtur.

Ich glaube diese Würdigung des gerichtlichen Zweikampfes des Mittelalters nicht besser als mit einem Urteil des bekannten Staatsmannes und Historikers G. L. von Maurer (Gesch. der Städteverfassung III, S. 748) schließen zu können, in welchem zugleich aus den vorhin hervorgehobenen Tatsachen die Nutzanwendung auf unsere Tage gezogen ist: „Da es in Island bereits im 11. Jahrhundert gelungen ist ein eigenes ständiges Gericht an die Stelle des gerichtlichen Zweikampfes zu setzen, so wird es doch auch in dem gebildeten Deutschland und zwar noch im Laufe dieses Jahrhunderts möglich werden, etwa durch Einführung von Ehrengerichten mit den geeigneten Ehrenstrafen diesem einer untergegangenen Zeit angehörigen Mißbrauch zu steuern. Bereits im 13. Jahrhundert wurde der Zweikampf in Hamburg ein unvernünftiger Gebrauch (irrationabilis consuetudo) und von dem Kaiserrecht und von Ruprecht von Freising ‚ein mutwille unwiszenhafter lute‘ genannt. Man sollte demnach in unseren Tagen wenigstens nicht mehr in Schutz nehmen, was schon unsere Altvordern so entschieden verdammt haben.‟

Maurer schrieb diese Worte im Jahre 1870. Inzwischen ist das Ende unseres Jahrhunderts ganz nahe herangekommen! Es scheint aber fast, als ob es das nicht mehr erreichen wird, was doch das Mittelalter vermocht hat. Einstweilen müssen wir jedenfalls gestehen, daß das 19. Jahrhundert, das sich seiner Aufklärung und seiner Humanität nie genug zu rühmen weiß, in jenem Punkte hinter der tiefsten Mittelalter zurücksteht: dieses hat — das zeigen unsere obigen Ausführungen — bei weitem nicht einen so unsinnigen Gebrauch von dem Zweikampf gemacht wie jenes.

Das Fehderecht.

Während die einen das moderne Duell an den gerichtlichen Zweikampf des Mittelalters anknüpfen wollen, betonen andere mehr seinen Zusammenhang mit dem „Fehderecht‟. Dieses soll sich „auf dem Gebiet, welches wir heute als das der Ehrensachen bezeichnen, behauptet‟ haben; das sei der Ursprung unsres Duells. Diejenigen, die so sprechen, bekunden eine sehr geringe Kenntnis der Geschichte des Mittelalters. Es sind schwerlich viel Fehden um einer Beleibigung willen geführt worden. In den meisten Fehden handelt es sich um die Frage des mein und bein — um privatrechtliche oder staatsrechtliche Streitigkeiten. Mir ist augenblicklich keine Fehde erinnerlich, die wegen einer Beleibigung erhoben worden ist. Ich will damit freilich nicht schlechthin behaupten, daß es keine derartige Fehde gegeben hat. Aber darüber zu streiten ist auch überflüssig. Denn wie verhielt es sich mit dem Fehberecht? Es herrschen darüber in der populären Litteratur noch immer die abenteuerlichsten Vorstellungen. Das Fehberecht wird noch immer wie ein wahres Faustrecht aufgefaßt. Man glaubt, im Mittelalter habe jeder dem andern nehmen dürfen, was er wollte und konnte, und ihn behandeln dürfen, wie er wollte und konnte. Nach dieser Ansicht wäre das Gericht, das die alten Deutschen nachweislich doch auch besessen haben, eigentlich etwas völlig bedeutungsloses und unerklärliches gewesen. Der Starke hätte sich alles erlauben dürfen, und nur die physische Kraft, nie aber Gesetz und Recht, hätte irgend ein Entscheidungsmoment gehabt. Solche Anschauungen gelten aber in der Wissenschaft seit lange als verpönt. Eine Reihe hochangesehener Forscher hat ihre vollkommene Irrigkeit nachgewiesen. Nicht der geringste unter ihnen ist der berühmte Strafrechtslehrer C. G. v. Wächter, der sich mit großer Energie gegen jene läppische Auffassung, die zugleich das Andenken unserer Altvordern schändet, erklärt hat. Es verhielt sich mit dem Fehberecht tatsächlich folgendermaßen. In der deutschen Urzeit war es dem verletzten oder seiner Sippe freigestellt, den Weg der gerichtlichen Klage zu beschreiten oder Fehde gegen den Gegner zu erheben. Doch war dieses Recht der Selbsthilfe schon jetzt nur für gewisse Fälle gestattet, keineswegs allgemein. Auch konnte die Fehde durch eine außergerichtliche Sühne vermieden oder wieder beigelegt werden. Im Laufe der Zeit wurde dann das Fehberecht mehr und mehr eingeschränkt. Es ist wiederum die Monarchie, die im Verein mit der Kirche bessere Zustände herstellt. Wie sie in der Einschränkung des gerichtlichen Zweikampfes eine wahre Culturarbeit vollbrachte, so auch in der Einschränkung des Fehberechts. Die fränkische Monarchie hat in dieser Hinsicht bereits sehr viel erreicht. Wäre auf Karl den Großen noch eine Reihe ähnlicher Monarchen, von ähnlicher Energie und Macht, gefolgt, so wäre das Fehberecht gewiß vollständig beseitigt worden. Allein wie die Schwäche der Monarchie in so vielen — man darf vielleicht sagen: in allen — Beziehungen das Unglück Deutschlands im Mittelalter war, so hat sie auch hier vieles verschuldet. Sie mußte sich in der Beschränkung der Fehde mit einem bescheideneren Standpunkte begnügen, als er von den Karolingern zur Zeit des Höhenpunktes ihrer Macht fest= gehalten worden war. Immerhin jedoch kehrten wenigstens die Zu= stände der deutschen Urzeit nicht wieder. Der Hauptunterschied gegen= über diesen bestand darin, daß jetzt die Fehde im allgemeinen nicht mehr gleichberechtigt neben dem gerichtlichen Verfahren stand. Sie fand jetzt nämlich primäre, d. h. mit der gerichtlichen Klage gleich= berechtigte Anwendung von Rechts wegen nur in einem Falle, nämlich als Rache für den Fall des Totschlags; und auch hier nur, sofern es nicht der öffentlichen Gewalt gelang zu vermitteln. Sonst be= schränkte sich die Bedeutung der Fehde jetzt auf eine subsidiäre Stellung: in Ermangelung gerichtlicher Hilfe ist sie gestattet. Es konnte mithin z. B. aus einer Beleidigung nur dann eine Fehde er= wachsen, wenn vorher der Rechtsweg versucht worden war. Ist es also nicht sinnlos, wenn man behauptet, „für die höheren Stände sei im Felde der Injurien das Strafrecht in der Form des mittelalterlichen Fehde r e c h t s aufgegangen"? oder wenn man sagt, das „Fehderecht" habe sich auf dem Gebiet, welches wir heute als das der Ehrensachen bezeichnen, „behauptet"? Es ist ja gar nicht dafür dagewesen! Man hat wegen einer Ehrensache ja gar nicht unmittelbar zur Fehde schreiten dürfen! Man hat eine Ehrensache nur dann durch eine Fehde ausmachen dürfen, wenn das Gericht versagte!

Nun hat es ja allerdings zahlreiche gesetzwidrige Fehden im Mittelalter gegeben. Allein man hat dann doch meistens wenigstens die Form gewahrt, sich auf eine angebliche Rechtsverweigerung oder Rechtsverzögerung als Motiv berufen. Mit anderen Worten: die dem modernen Duell eigentümliche principielle Verachtung des ordentlichen Rechtsweges fehlt auch hier. Wenn jemand wieder auf den Zu= sammenhang zwischen Duell und Fehde zurückkommen will, so führe er zuvor eine Quellenstelle an, welche ergiebt, daß die Ritterschaft des Mittelalters die gesetzwidrige Form als die angemessene Art der Erledigung von Ehrenhändeln angesehen hat. Eine solche anzuführen wird aber nie möglich sein, da, wie wir später zeigen werden, der Deutsche Adel des Mittelalters nachweislich gerade die gesetzliche Form als die angemessene angesehen hat.

Die eben gegebene Schilderung des Fehderechts bezieht sich auf das eigentliche Mittelalter. Nachdem während desselben König, Landes= herren und Städte mit Eifer an der Einschränkung des Fehbewesens gearbeitet hatten, gelang es schließlich im Jahre 1495 durch den ewigen Landfrieden das Fehderecht ganz zu beseitigen. Dieses be= deutet in der Culturentwickelung des Deutschen Volkes einen hoch=

wichtigen Abschnitt, der wiederum wesentlich durch die Monarchie
erreicht worden ist. Nach dem Jahre 1495 sind zwar noch einige
Fehden vorgekommen. Allein es handelt sich um ganz vereinzelte.
Fälle; man kann sie bequem zählen. Von einem Fehdewesen als
einer allgemeinen Erscheinung der Zeit darf man fortan nicht mehr
sprechen.

Zwischen dem Erlöschen des Fehdewesens und dem Auftauchen
des Duellunwesens in Deutschland liegt, wie wir noch sehen werden,
eine geraume Zeit. An einen historischen Zusammenhang beider darf
daher nicht gedacht werden. Es könnte blos die Frage sein, ob eine
Verwandtschaft zwischen ihnen im allgemeinen Begriff besteht. Eine
solche wird nur dann zuzugeben sein, wenn man nach ganz inhalts-
leeren Kategorieen rubriciert. Duell und Fehde haben ja allerdings
das mit einander gemein, daß beide Arten der Selbsthilfe sind. Aber
wie sichtbar werden sofort die Unterschiede, wenn man von der
allgemeinen Kategorie zu den Einzelheiten des concreten Lebens über-
geht. Wir haben ja schon wesentliche Unterschiede hervorgehoben.
Schon diese beweisen zur Genüge, daß Duell und Fehde grund-
verschiedene Arten der Selbsthilfe sind. Wir wollen aber hier ebenso
wie bei der Darstellung des gerichtlichen Zweikampfes den Unterschied in möglichst helles Licht setzen und gehen daher noch etwas
weiter auf das Wesen der beiden Erscheinungen ein.

Sehr wichtige Unterschiede ergeben sich durch die Verschiedenheit
in der äußeren Gestalt.

Das Duell ist Zweikampf und in enge Regeln eingeschnürt. Die
Fehde dagegen ist Krieg in vollem Sinne des Wortes. Derjenige,
welcher jemand befehdet, genießt dieselbe Bewegungsfreiheit wie der,
der gegen jemand Krieg führt; die Schranken, die der Ausübung der
Fehde gezogen waren, sind nicht viel anderer Art als die, welche das
moderne Völkerrecht dem Kriege zieht.

Das Duell vollzieht sich ausschließlich im Moment des Kampfes;
weder vor noch nach dem Kampfe ist es vorhanden. Die Fehde dagegen ist ebensowenig wie der Krieg mit dem Kampf identisch. Bei
der Fehde und dem Kriege wird eine umfassende Action entwickelt.
Es sind Rüstungen, Vorbereitungen notwendig, und diese können einen
solchen Eindruck hervorrufen, daß es zu einem Kampfe gar nicht mehr
kommt; der Gegner giebt vorher nach. Bei der Fehde und dem
Kriege kann ferner die überlegene Einsicht des Gegners auch den
Sieger im Kampfe zum besiegten machen.

Das Duell kann nur ausnahmsweise durch Vertrag vermieden
oder unterbrochen werden. „Schwere Fälle" müssen durchgefochten

und vollständig durchgefochten werden. Auch die größte Nach=
giebigkeit des Gegners kann bei einem „schweren Fall“ das Duell
nicht aufhalten. Die Fehde dagegen gelangt gar nicht erst zur
Ausführung, wenn der Gegner von vornherein sich nachgiebig zeigt,
und sie hört sofort auf, wenn er im Verlauf der Fehde den erhobenen
Anspruch anerkennt. Die Duelltheorie, daß bei „Schwere des Falls“
unbedingt „Blut fließen“ müsse, ist dem Fehdewesen völlig fremd.
Überhaupt kommt es bei der Fehde nicht darauf an, Leben oder Ge=
sundheit einer bestimmten Person zu treffen; um so weniger, als sie
nicht Einzelkampf ist. Demjenigen, welcher Fehde erhebt, liegt nur
daran, die militärische Stellung des Gegners so zu schwächen, daß
er sich zur Nachgiebigkeit bequemt. Was er erstrebt, ist nichts
weiter als die Anerkennung seines Anspruchs.

Diese äußern Unterschiede sind zugleich innerer Natur.

Wer einen Gegner bekämpft, tut es entweder aus Rache oder
weil er einen rechtlichen Anspruch verwirklichen will. Der Wunsch,
das Rachegefühl zu befriedigen, ist gewiß nichts edles und darf von
der staatlichen Gewalt nicht anerkannt werden. Immerhin ist er
etwas natürliches. Diesem Wunsche vermag jedoch das Duell nicht
zu genügen. Scheinbar allerdings bietet sich im Duell Gelegenheit
am Gegner Rache zu üben. In Wahrheit aber steht der einzelne
im Duell durch die der Bewegungsfreiheit gezogenen engen Grenzen
so gefesselt, so gelähmt da, daß er fast alles vom Zufall erwarten
muß. Das Duell ist nicht der frische, fröhliche Krieg, wie ihn die
Deutschen lieben. Ganz anders verhält es sich mit der Fehde. Sie
gestattet die freieste Bewegung, die umfassendste Action, die volle
Entfaltung aller Kräfte. In der Fehde kann der, welcher Rache
nehmen will, das Gefühl haben, daß er seinem leidenschaftlichen Haß
gegen den Gegner rücksichtslos die Zügel schießen läßt. Ebenso aber
— oder vielmehr in noch stärkerem Maße — gilt das gesagte von
der Brauchbarkeit des Duells, resp. der Fehde für die Verwirklichung
eines Rechtsanspruches. Beim Duell ist alles Form, sachliche Er=
wägung gar nicht vorhanden, Kraftenfaltung nur in beschränktem
Grade zulässig. Selbst der Sieg des Stärkeren ist noch vom Zufall
abhängig. Wegen seines zufälligen Charakters und weil das Duell
lediglich Blutvergießen bezweckt, ist es für die Verwirklichung eines
Rechtsanspruches unbrauchbar. Dagegen die Fehde, wenngleich sie auf
der Anwendung von Gewalt beruht, kann doch noch immer als Rechts=
mittel eher bienen wie das Duell. Sie bezweckt eben gar nicht das
Blutvergießen. Sie ist ferner bei weitem nicht so wie jenes vom
Zufall abhängig. Sie hat endlich auch mit idealen Mächten zu

rechnen, wie denn zahlreiche Fehden des Mittelalters die Unterstützung der öffentlichen Meinung genossen haben.

Ist es nun reiner Zufall, daß den Deutschen des Mittelalters die Fehde als Selbsthilfe bekannt, das Duell unbekannt ist? Ist es Zufall, daß der Deutsche, wenn er sich eine Art der Selbsthilfe schaffen wollte, die freie, frische, natürliche, ungekünstelte Art der Fehde wählte? Ist es Zufall, daß er nicht auf den Gedanken kam, die Rolle des Unglücklichen, der im Duell gefesselt dasteht, zu spielen? Schwerlich wird es Zufall sein.

Wenn wir hiernach die Fehde wohl als eine deutsche Art der Selbsthilfe bezeichnen können, so ist es freilich eine andere Frage, ob wir den Deutschen eine besondere Neigung zur Selbsthilfe zu= schreiben, ob wir behaupten dürfen, daß sie mehr als andere Völker zur Selbsthilfe geneigt seien. Es besteht wohl kein Zweifel, daß diese Frage zu verneinen ist. Bei den Deutschen spielt die Selbst= hilfe, wie bei anderen Völkern, in der Zeit eine Rolle, in der sie noch auf niederer Culturstufe stehen. Sie zeigt sich ferner da, wo die Staatsgewalt zu schwach ist, um ihre Aufgabe des Rechtsschutzes wirksam durchzuführen. Im übrigen jedoch — von diesen Fällen muß ja notwendigerweise abgesehen werden — tritt eine besondere Neigung zur Selbsthilfe, eine Abneigung gegen den Rechtsweg bei den Germanen ganz gewiß nicht hervor. Wollen wir etwas als specifisch germanisch bezeichnen, so wird es das Gegenteil sein, nämlich ein außerordentlich ausgeprägtes Rechtsgefühl uud tiefernster gesetzlicher Sinn.

Wenn man nun das Duell aus dem Fehdewesen herleiten will und wenn andrerseits das einzige, was Duell und Fehde mit ein= ander gemein haben, die Abneigung gegen den gerichtlichen Weg ist, wenn ferner diese Abneigung nichts specifisch deutsches ist, so darf jedenfalls auch das Duell nicht als ein specifischer Ausdruck des deutschen Geistes angesehen werden.

Das Turnier.

Man hat das Duell auch mit dem Turnier in Zusammenhang gebracht. Gegen diese Auffassung brauchten wir uns eigentlich nicht zu erklären, da es uns ja nur auf den Nachweis ankommt, daß das

Duell keine specifisch deutsche Einrichtung ist. Denn bekanntlich ist das Turnier nicht auf deutschem Boden erwachsen, sondern von Frankreich aus nach Deutschland gekommen. Es würde also der behauptete Ursprung des Duells aus dem Turnier unsere These gar nicht widerlegen. Indessen ist ein solcher Zusammenhang auch gar nicht einmal wahrscheinlich. Zunächst und vor allem sind Duell und Turnier ganz verschieden in ihrem Zweck. Das Turnier ist Waffenspiel und nichts weiter als Waffenspiel. Sodann erreicht, wenigstens in Deutschland, die eigentliche Zeit der Turniere schon unter Kaiser Maximilian I. ihr Ende. Die Periode der Duelle setzt aber, wie wir sehen werden, in Deutschland erst später ein. Endlich wissen wir aus den eigenen Worten der deutschen Ritterschaft, die die letzten großen Turniere besuchte, daß ihr der Duellstandpunkt fremd war. In Deutschland ist also jedenfalls das Duell nicht aus dem Turnier hervorgewachsen. Ob für andere, die romanischen Länder, ein historischer Zusammenhang anzunehmen ist, interessiert uns hier nicht.

Eine Ähnlichkeit zwischen Turnier und Duell besteht ja insofern, als dem Kreise der turnierfähigen Personen eine ähnliche Einrichtung in dem Kreise der satisfactionsfähigen Personen entspricht. Allein dies ist eben nur eine Ähnlichkeit. Während wir fanden, daß der Kreis der zum gerichtlichen Zweikampf berechtigten Personen weiter als der der sog. satisfactionsfähigen war, ist umgekehrt die Turnierfähigkeit in engere Grenzen eingeschlossen. Bei der Zulassung zum Turnier werden umständliche Ahnenproben vorgenommen. Bei dem Duell ist davon nicht die Rede.

Der Kampf in den Turnieren war nie ganz ohne Lebensgefahr. Indessen suchten die Kreise, die auf ritterlichen Anstand hielten, sie doch nach Möglichkeit zu vermeiden. Man sah es als Ausartung an, wenn es auf den Turnieren zu blutig herging und sie damit zu Tummelplätzen der Rohheit wurden. Reinmar von Zweter bezeichnet diese Art zu turnieren als directes Gegenteil der „ritterlichen" Art. Frivol Blut zu vergießen ist nicht die Art des Deutschen Rittertums.

Das deutſche Syſtem der Behandlung von Ehrverletzungen.

Wir haben in den vorſtehenden Ausführungen gezeigt, daß weder der gerichtliche Zweikampf noch das Fehdeweſen noch das Turnier in Deutſchland einen Anknüpfungspunkt für die Entſtehung des Duells geboten haben Es ſind nun noch mancherlei weitere Verſuche gemacht worden, das Duell aus Einrichtungen des Mittel= alters herzuleiten. Man hat ſich namentlich bemüht, Übergangs= ſtadien zu conſtruieren. Alle dieſe Verſuche ſind indeſſen haltlos. Als Beleg für die Oberflächlichkeit, mit der ſie unternommen worden ſind, mag die eine Tatſache genügen, daß man noch bis in die neueſte Zeit hauptſächlich mit einer Urkunde operiert, von der bereits ſeit dem Jahre 1839 feſtſteht, daß ſie — gefälſcht iſt! Wir brauchen uns aber mit der Widerlegung dieſer Verſuche hier nicht weiter aufzuhalten. Wir wählen ein Verfahren, das alle etwa noch notwendig erſcheinende Kritik überflüſſig macht: wir zeigen, wie das Deutſche Mittelalter es tatſächlich mit der Behandlung der Ehr= verletzungen gehalten hat.

Die eigentümlich deutſche Anſchauung von der Art, wie Ehr= verletzungen zu ahnden ſeien, iſt folgende. Zunächſt wendet ſich der Deutſche regelmäßig an das ordentliche Gericht. Das, was er hier zu - erreichen ſucht, iſt einmal eine Geldbuße, die teils an die verletzte Partei, teils an die öffentliche Gewalt gezahlt wird, und ſodann Widerruf, reſp. Ehrenerklärung. Wenn er dies erreicht hatte, dann ſah er ſeine Ehre als wiederhergeſtellt an, mochte es ſich um be= leidigende Tätlichkeiten, um Injurien gegen weibliche Perſonen oder um Ehrverletzungen anderer Art gehandelt haben. Daß es ſo war, das wird uns nicht etwa blos in einer oder zwei Stellen dunkel angedeutet; ſondern die Zahl der Beweisſtellen iſt Legion. Man kann es mit einer geradezu erdrückenden Menge von Quellencitaten belegen, daß der Standpunkt des Deutſchen jener und nur jener war. Das beweiſen die Rechtsdenkmäler des Mittelalters, das auch noch die des 16. Jahrhunderts, alſo einer Zeit, in welcher, wie wir ſehen werden, die romaniſchen Völker ſchon im Duell die angemeſſene Form der Erledigung von Ehrenhändeln ſahen. Da vielen dieſe Tatſache nicht geläufig iſt, ſo wollen wir zur Veranſchaulichung einige Bei= ſpiele anführen. Das zweite ſtraßburger Stadtrecht (verfaßt um 1200) beſtimmt: „Wer jemand mit Worten beleidigt und deſſen vor dem Stadtrat durch zwei oder drei Zeugen überführt wird, zahlt

30 Schillinge. Wer jemand schlägt (ohne Blutvergießen) und dessen durch zwei Zeugen überführt wird, zahlt 5 Pfund." Das Stadtrecht von Breisach (von 1275): „Wer den andern beschimpft, zahlt 10 Schillinge an den Richter, 10 an die Stadt, 10 an die Stadt=gemeinde." Saarbrücker Freiheitsbrief (von 1321): „Wer den andern mit einer Bezeichnung belegt, die seine Ehre berührt, der soll die Worte widerreden, wo er sie geredet hat, und auch in offener Kirche, daß die Worte nicht wahr seien." Das jülicher Landrecht (von 1537) legt dem, der einer Frau an ihre Ehre gesprochen hat, Widerruf, resp. Ehrenerklärung, eine Geldstrafe und die Tragung der gericht=lichen Kosten auf. Wenn in den Urkunden des Mittelalters von „Genugtuung", „satisfactio" die Rede ist, so ist darunter das, was das Gericht über den Beleidiger verhängt, insbesondere die Geldbuße, zu verstehen. Oft zählen unsere Quellen die einzelnen Beleidigungs=arten mit großer Ausführlichkeit auf und bemessen danach die Strafe. Wir dürfen darin gewiß einen Beweis dafür sehen, daß die Deutschen des Mittelalters nichts weniger als unempfindlich gegen Beleidigungen waren. Auch die Geldstrafen, die, unter Berücksichtigung des da=maligen Geldwertes, als sehr hoch angesehen werden müssen, sprechen dafür.

Nun werden wir freilich von denjenigen, die um jeden Preis den Quellstandpunkt schon ins Deutsche Mittelalter verlegen wollen, belehrt, die statutarische Gesetzgebung über die Ehrverletzung sei im Mittelalter nur für die mittleren und niederen Stände berechnet gewesen, nicht auch für die höheren. Diese Ansicht ist indessen sehr leicht zu widerlegen. Ich habe soeben das jülicher Landrecht erwähnt. Von ihm wissen wir ganz bestimmt, daß es auch für die jülicher Ritterschaft mit galt. Wir besitzen ferner mehrere von Adligen verfaßte Rechtsbücher, die ganz denselben Standpunkt vertreten wie die vorhin angeführten Urkunden. Dahin gehört z. B. das bekannteste Rechtsbuch des Mittelalters, der Sachsenspiegel. Der ritterliche Ver=fasser des Sachsenspiegels spricht sich über die angemessene Art der Ahndung von Ehrverletzungen ebenso aus wie der Verfasser des straßburger Stadtrechts. Aus dem 16. Jahrhundert haben wir ferner den sog. wendisch=rügianischen Landgebrauch. Sein Verfasser, dem bekannten pommerschen Adelsgeschlecht v. Normann angehörig, nennt in seinem ausdrücklich für den Adel mit bestimmten Buche Geldbußen (zu einem Teile an den Kläger, zum anderen an das Gericht zu zahlen) als die für Beleidigungen zu verhängende Strafe. Wir dürfen uns vorstellen, daß so wie Herr v. Normann auch die anderen pommerschen Junker des 16. Jahrhunderts dachten. Honny soit qui mal y pense!

Wir sind aber auch in der Lage, durch einzelne bestimmte Beispiele den Beweis zu führen, daß der Deutsche Adel des Mittelalters sich nicht für zu vornehm gehalten hat, in Ehrenhändeln das ordentliche Gericht anzurufen. Im Jahre 1490 hatte ein Glied der noch jetzt blühenden westfälischen Adelsfamilie Ledebur zwei Angehörige der ebenfalls noch jetzt blühenden westfälischen Adelsfamilie Nagel „swerlich an ire ere ind gelimp hoichlich treffende beschuldicht". Die Nagel hatten nun den Ledebur „der geschichte halven mit gerichtzhandel vurgenoemen"; sie wollten ihn „hertelich ind scherplich mit irem angehaven rechten daromme verfoulgen". Die landesherrlichen Räte machten darauf den Versuch, die Sache gütlich beizulegen. Allein da Ledebur darauf nicht einging, so äußerten sie dem Landesherrn gegenüber ihre Meinung dahin, man müsse die Nagel „mit irem angehaven rechten, umb ire ere ind gelimp sovil zo verantwerden, vortfaeren ind verfoulgen" lassen. Wie verantworten also diese westfälischen Abligen ihre Ehre? Durch den Rechtsweg! Den Worten „hertelich ind scherplich mit irem angehaven rechten verfoulgen" merkt man es förmlich an, daß die verletzte Partei mit dem vollen Vertrauen, durch das Gericht eine gründliche Genugtuung zu erlangen, den Rechtsweg beschritten hat. Ein anderer Fall, der hier erwähnt werden mag, ist noch lehrreicher. Im Jahre 1448 berichtet nämlich der fränkische Ablige Hans von Streitberg, der von dem Ritter Hans von Wallenfels fälschlich beschuldigt worden war, er habe sich deshalb an den „Landrichter" gewandt, um einen Widerruf („einen offen widerspruch") zu erlangen, und begründet dies mit folgenden Worten: „dan ein gemein recht ist: nem einer dem andern sein gut oder recht, kom er im dan zu recht für, er muss im das widerkern; mer sei recht, wöl einer dem andern sein ehr nemen, er entschuldige in und tue im darum ein widerspruch". Nun will ich selbstverständlich nicht bestreiten, daß Ehrenhändel im Mittelalter oft außergerichtlich erledigt worden sind. Es werden zunächst sehr viel Fälle durch privaten Vertrag beigelegt worden sein, sehr viel Fälle ferner dadurch, daß die betreffenden sich fortan schnitten, sehr viel Fälle endlich durch einfache Retorsion. Das mittelalterliche Recht erkennt die Berechtigung der Retorsion ausdrücklich an. Eben dieses beweist jedoch von neuem, daß es vom Duellstandpunkt sehr weit entfernt war. Es gehört ja zu den vielen Wunderlichkeiten, die dem Duellwesen anhaften, daß vom Duellstandpunkt aus die Retorsion gar nicht anerkannt wird; ein wunderlicher Grundsatz, der schon zu manchen tragischen, aber auch tragikomischen Consequenzen geführt hat. Wir wollen weiter zugeben, daß im Mittelalter oft genug jemand durch verletzende Worte zu einer Schlägerei oder zu einem

Kampf mit Waffen gereizt worden ist. Allein das wäre ja auch noch kein Duell. Kurz, wir mögen diese oder jene Möglichkeit erwägen, dieses oder jenes Quellenmaterial durchstöbern — nirgends begegnet uns im Deutschen Mittelalter das Duell. Man schlage die ausführlichen und auf fleißiger Quellenbenutzung beruhenden Darstellungen des Lebens der mittelalterlichen Ritterschaft nach, die uns die neueste Zeit geschenkt hat. Man nehme z. B. das bekannte Werk von Alwin Schultz über das höfische Leben zur Zeit der Minnesinger oder das Buch des Freiherrn K. H. Roth von Schreckenstein, des früheren badischen Archivdirectors, über die Ritterwürde und den Ritterstand zur Hand. Beide erwähnen den gerichtlichen Zweikampf und das Turnier. Irgend eine Handlung irgend eines Ritters aber, die aus dem Duellstandpunkt zu erklären wäre, erwähnen sie nicht. ·

Aus dem Fall des Jahres 1490 wollen wir noch eine Folgerung ziehen. Der eine der beiden Nagel, die gegen Lebedur klagen, war landesherrlicher Rat und Amtmann und hatte als solcher auch militärische Functionen. Die landesherrlichen Räte, die über den Fall Bericht erstatten, besaßen solche größtenteils auch. Der Gedanke, daß jemand, der in einem Ehrenhandel das ordentliche Gericht anruft, deshalb seiner Stellung für verlustig zu erklären sei, tritt in dem Berichte nicht einmal andeutungsweise hervor. Wie sollte er auch? Jener Gedanke konnte in einer Zeit, welche noch die alte deutsche Ehrfurcht vor Recht und Gericht besaß, niemandem — in den hohen ebenso wenig wie in den niederen Kreisen — kommen. Im Zeitalter des Rittertums hätte man jeden, der jenen Gedanken aussprach, für verrückt gehalten. —

Was sollen wir jetzt zu der im Eingang unserer Betrachtung erwähnten Behauptung sagen, daß „das persönliche Selbstgefühl der Germanen gerade bei der Ehrverletzung eine mannhafte, kriegerische Genugtuung forderte"? was zu der Behauptung, daß „Beleidigungen im Mittelalter nicht vor die Gerichte gehörten"? was zu der Behauptung gewisser moderner Ritter, daß der, der eine Ehrverletzung nicht mit „Blut abwasche", ein Feigling sei?

Wir antworten auf diese Behauptungen, indem wir jene modernen Ritter beim Wort nehmen. Wenn sie jeden, der nicht eine Ehrverletzung „mit Blut abwäscht", für einen Feigling erklären, dann müssen sie den Mut der Consequenz zeigen und sämtliche Germanen des Mittelalters, einschließlich aller Ritter, für Feiglinge erklären. Werden sie das? Ich glaube, daß hier doch der Mut jener modernen Ritter etwas ins wackeln kommen wird. Oder sollen wir die alten Deutschen Feiglinge schelten, weil sie Beleidigungen nicht „mit Blut

abgewaschen", sondern sich an das Gericht gewandt und mit Wider=
ruf, Ehrenerklärung, Geldbuße sich begnügt haben? Nun, es macht
sich ja jeder lächerlich, der die alten Deutschen feige nennt; man
hält ihn für albern, für einen Narren, für geisteskrank im vollen
Sinne des Wortes. Jene modernen Ritter haben hiernach die Wahl:
entweder müssen sie den Mut der Consequenz zeigen und die alten
Deutschen für feige erklären — dann werden sie sofort von allen
Bewohnern der Welt (die größten Feinde der Deutschen eingeschlossen)
für wahnsinnig erklärt; oder sie haben jenen Mut nicht — dann
fehlt es ihnen eben an Mut, dann sind sie feige, „satisfactionsunfähig",
nach der Terminologie des Duellstandpunktes selbst! Die modernen
Ritter befinden sich also in der verzweifeltsten Lage. Was werden sie
erwidern? Doch nicht etwa, daß der Duellstandpunkt nur physischen
Mut verlangt, daß es auf den moralischen nicht ankommt? Die meisten
werden doch erkennen, daß sie in der peinlichsten Klemme stecken.
Sollen wir ihnen heraushelfen? Wir Deutschen sind keine Barbaren.
Verfahren wir milde mit ihnen! Gestatten wir ihnen nach alter
deutscher Sitte einen Widerruf und noch dazu eine Entschuldigung,
die Entschuldigung: sie hätten aus Unwissenheit den Deutschen Namen
geschmäht!

· Mit der Behauptung, daß der, der eine Beleidigung nicht „mit
Blut abwäscht", ein Feigling sei, versündigen sich aber jene modernen
Ritter nicht blos an dem guten Namen des Deutschen Volkes, sondern
auch ganz speciell an dem guten Namen ihrer Vorfahren. Es giebt
heute noch sehr viele adlige Familien, die zum Deutschen Uradel ge=
hören, deren Vorfahren, soweit sie überhaupt bekannt sind, stets adlig
gewesen sind. Es giebt jedenfalls heute noch sehr viele adlige Familien,
die schon im Mittelalter adlig gewesen sind. Wollen nun die An=
gehörigen dieser alten Adelsfamilien wirklich behaupten, daß nur der
wahrhaft adligen, wahrhaft ritterlichen Mut besitzt, der auf dem Duell=
standpunkt steht? Dann müssen sie ihren sämtlichen Ahnen aus dem
Mittelalter, auf die sie doch bisher stolz gewesen sind, die adlige, die
ritterliche Gesinnung absprechen! Dann müssen sie sich fortan ihres
hohen Stammbaums, der bisher ihren Stolz gebildet hat, schämen!
Wollen sie das?! Meines Erachtens müssen gerade die Mit=
glieder der alten deutschen Adelsfamilien sich aufs
schärfste gegen die unbedingte Giltigkeit des Duell=
standpunktes aussprechen. Ein moderner Bankier, der heute
geadelt wird, kann ja morgen ohne die geringsten Gewissensbisse
sagen, seine Familie habe stets, so lange sie adlig sei, unbedingt den
Standpunkt vertreten, daß Beleidigungen „mit Blut abzuwaschen"

seien. Aber ein Mann von altem Abel, der das sagt, wirft einen Makel auf seine Herkunft. Gerade weil mein Stammbaum weit in das Mittelalter hinaufreicht, gerade weil ich weiß, daß von meinen Vorfahren die meisten den Duellstandpunkt nicht geteilt haben (vielleicht hat ihn sogar keiner geteilt), gerade deshalb muß ich mich im Interesse der Ehre meiner Familie aufs schärfste gegen die Auffassung erklären, daß das Duell irgendwie zum Wesen wahrer Ritterlichkeit gehöre.

Wir werden später sehen, daß das Duell nicht blos dem Deutschen Mittelalter fremd ist, sondern in Deutschland auch nicht einmal bis an das Mittelalter heranreicht, daß es ferner selbst von dem Zeitpunkt an, in dem es in Deutschland einzubringen beginnt, nur spärliche Vertreter bei uns gehabt hat. Es sollten darum alle abligen Familien, auch die nobilitierten, sich ängstlich hüten, den Duellstandpunkt für ein unentbehrliches Kennzeichen der Ritterlichkeit auszugeben! Sie könnten sonst in den Fall kommen, sich eine unritterliche Herkunft bescheinigen zu müssen! Wenn man die ablige Haltung von dem Bekenntnis zum Duellstandpunkt abhängig macht, dann wird man in Deutschland nur einen sehr kleinen Kreis von Familien ausfindig machen können, deren Mitglieder stets jene „ablige Haltung" eingenommen haben, und diese abligen Familien würden von äußerst jungem Alter, dazu vielleicht noch nicht einmal durchweg von germanischer Herkunft sein. Die Hohenzollern würden nicht zu diesem Kreise gerechnet werden können. Ein Hohenzoller hat sich nie buelliert, trotzdem die Hohenzollern oft beleidigt worden sind. Weitaus die Mehrzahl der Hohenzollern hat auch nicht einmal theoretisch den Duellstandpunkt vertreten.

In der neuesten Zeit wird das Duell vielfach als Vorrecht der „Gebildeten" in Anspruch genommen. Wenn ein Bürgerlicher „Bildung" erworben hat (was auch dadurch geschehen kann, daß er sehr reich und Rentier wird und in einen vornehmen Club eintritt), so erklärt er den für einen Feigling, der nicht auf dem Standpunkt des Duells steht. Erröten diese Bürgerlichen nicht darüber, daß sie damit indirect die Ehre ihrer braven, ehrlichen Vorfahren, die Jahrhunderte lang nichts vom Duell gewußt haben, antasten?

Indessen mit seinen Vorfahren mag es jeder halten, wie er will; der eine hat Familiensinn, der andere nicht. Eine Folgerung aber können wir aus den gewonnenen Resultaten unbedingt ziehen. Unsere Quellen ergeben, daß die Deutschen des Mittelalters das Duell nicht gekannt, vielmehr den gerade entgegengesetzten Standpunkt in der Behandlung von Ehrenſachen eingenommen haben. Dabei iſt jedoch ihr Mut, ihre Tapferkeit über allen Verdacht er= haben; kein Volk der Erde kann ſich an Kriegsruhm mit den Deutſchen meſſen. Wir ſehen alſo, daß Abneigung gegen den Duell= ſtandpunkt und Tapferkeit ſich aufs beſte mit einander vertragen — eine Tatſache übrigens, deren Richtigkeit ſich einem noch jeden Tag aufdrängt.[1] Was folgt daraus? Daß es läppiſch, lächerlich iſt wenn man ohne weiteres den, der ein Duell ablehnt, feige nennt. Und wenn ein Deutſcher ſich ſo äußert, ſo handelt er ver= brecheriſch; denn er verſündigt ſich dadurch an dem guten Namen ſeines Volkes. —

Wenn ich vorhin auseinandergeſetzt habe, daß die Abligen, die den Duellſtandpunkt vertreten, dadurch in eine ſehr ſchiefe Stellung geraten, ſo mögen meine Worte manchen Abligen peinlich berühren. **Ich behaupte** indeſſen, **daß der Nachweis, daß der alte Deutſche Abel nichts vom Duell gewußt hat, eine Ehrenrettung des Deutſchen Abels darſtellt, wie ſie günſtiger kaum gedacht werden kann.** Wenn ich dieſen Nachweis erbringe, ſo befreie ich dadurch das An= denken des Deutſchen Abels von einem häßlichen Schmutzfleck. Es kommt nur dem Ruhm des Deutſchen Abels zu ſtatten, wenn ich darlege, daß er das Duell im Mittelalter nicht gekannt hat, daß er es überhaupt nicht iſt, der es hervorgebracht hat. Natürlich müſſen jetzt aber auch die Nachkommen ſich der Vorfahren würdig zeigen! Es gilt jetzt, das wieder hervorzukehren, was den Ruhm des alten Deutſchen Abels ausmacht! Fort mit dem wälſchen Sinn!

Wenn die Germanen das Duell nicht hervorgebracht und ſich von allen Culturvölkern Europas am meiſten gegen das Duell ge= wehrt haben, ſo erklärt ſich das aus den bekannten Eigenſchaften, die ihren Handlungen überall zu Grunde liegen, ſehr leicht. Ich möchte ſagen: man vermag aus den nationalen Eigenſchaften der Teutſchen deduciv den Beweis zu führen, daß die Idee des Duells unmöglich von ihnen ausgegangen ſein kann. Ter Deutſche hat

---

[1] Ein ſehr bemerkenswerter (im Gerichtsſaal 1872, S. 424 mitgeteilter) Fall mag hier Erwähnung finden. Ein Reſerveoffizier, der ſich im Kriege 1870/71 ſehr ausgezeichnet hatte und wegen ſeiner Tapferkeit becoriert worden war, wurde ſpäter eines Abends von einem ihm unbekannten Studenten auf der Straße überfallen (ohne daß Zeugen gegenwärtig waren). Er wies dieſen Angriff — ich ſage: natürlich — ſofort kräftig zurück. Darauf wurde er auf Grund des Ausſpruchs eines Offizierehrengerichts aus ſeinem Reſerve= offiziersverhältnis verabſchiedet, weil „die Standesehre verletzt worden" ſei!

eine ernste sittliche Lebensauffassung; er ist nicht frivol; er spielt nicht mit dem Leben. Den Deutschen zeichnet ferner ein ausgeprägtes Rechtsgefühl und ein streng gesetzlicher Sinn aus. Durch diese Stimmung wird der Duellstandpunkt schlechthin ausgeschlossen. Dem sittlichen Ernst des Deutschen widerspricht es, um einer Lappalie willen das Leben wegzuwerfen. Dem Rechtsgefühl des Deutschen widerspricht es, die Schuldfrage absichtlich (wie es beim Duell ge= schieht) zu verdunkeln. [1]) Dem gesetzlichen Sinn des Teutschen wider= spricht es, das ordentliche Gericht (wie es beim Duell geschieht) grundsätzlich zu verachten. Wenn ich einen modernen Ausdruck ge= brauchen soll, so würde ich sagen: der Deutsche besitzt viel zu viel gesunden Realismus, als daß ihm der Duellstandpunkt sympathisch sein könnte. — Es wird zwar behauptet, dem Deutschen gehe die Ehre übers Leben. Allein woher weiß man denn, daß der Deutsche seine Ehre durch eine von einem beliebigen Menschen ausgesprochene Be= leidigung als beseitigt ansieht? Man beduciert aus dem Duell= standpunkt den germanischen Ehrbegriff und leitet dann das Duell= wesen aus dem germanischen Ehrbegriff her!

Es ist, wie wir gesehen haben, ein Irrtum, daß das Duell aus dem Teutschen Mittelalter stamme. Dieser Irrtum ist nicht schwer zu erklären. In der äußeren Gestalt gleicht das Duell dem gerichtlichen Zweikampf des Mittelalters. Daher warf man beide zusammen. Das hatte darum kein wesentliches Hindernis, weil man von der wahren Natur des gerichtlichen Zweikampfes nicht viel wußte. Seitdem aber die historische Forschung die Verhältnisse des Mittelalters aufgeklärt hat, ist es nicht mehr möglich, die tiefen Unterschiede zwischen beiden Erscheinungen zu übersehen. Der Nach= weis, daß das Duell mit dem Deutschen Mittelalter nichts zu tun hat, ist nicht der erste Dienst, den die Deutsche Geschichtsforschung dem Vaterlande erweist.

Jener Irrtum ist sehr verhängnisvoll geworden. Obgleich oft genug das Duell als Deckmantel für allerlei wenig ehrenwerte Zwecke dient, und obgleich in Deutschland die meisten Duelle wohl unter dem Zwang der Verhältnisse stattfinden, so sind doch immerhin viele den Duelltod in der ehrlichen Überzeugung gestorben, man müsse sich

---

[1]) Schäffner, Rechtsverfassung Frankreichs II, 217 sagt treffend: es „hätte dem Rechtsgefühl allzusehr widerstrebt", wenn man dem auf handhafter Tat ergriffenen Verbrecher gegenüber den (übrigens gerichtlichen) Zweikampf gestattet hätte. Er nennt es eine „allgemein germanische Sitte", der Notorietät ihr Recht angedeihen zu lassen. Der Duellstandpunkt dagegen berücksichtigt die Notorietät nicht!

nun einmal duellieren, weil die alten Deutschen sich doch auch wegen Beleidigungen stets duelliert haben, weil das Duellieren ritterlicher Brauch sei.

Ist es ohne Beispiel, daß einer falschen Theorie Scharen von Menschenleben zum Opfer gefallen sind? Die Fälle sind so zahlreich, daß wir uns über dies neue Beispiel nicht wundern können. Wir dürfen und müssen jedoch verlangen, daß, wenn der Irrtum der Theorie nachgewiesen ist, die Menschenopfer nicht aus bloßer alter Gewohnheit, aus bloßem Schlendrian fortgesetzt werden. Wenn unsere Missionare die Heiden überzeugt haben, daß Menschenopfer ein Gott mißfälliges, nicht ein Gott wohlgefälliges Werk seien, so erwarten wir, daß der heidnische Brauch dann auch sofort und un= bedingt verlassen wird. Fortan gilt jedes Menschenopfer als nichts= würdiger Mord. Noch schärfer aber wird das Urteil über diejenigen lauten, welche die Duelle fortsetzen oder auch nur die Fortsetzung empfehlen, nachdem sie sich davon haben überzeugen müssen, daß dem Duellwesen jeder ideale Hintergrund fehlt.

Die Entstehung des Duells.

Nach der herrschenden Meinung hat sich auf dem Gebiet der Ehrenkränkungen der mittelalterliche Zweikampf „erhalten". Wir haben gesehen, daß er sich nicht „erhalten" konnte, da er im Mittel= alter, wenigstens im Deutschen Mittelalter, auf diesem Gebiet gar nicht vorhanden gewesen ist. Aber auch nach dem Ausgang des Mittelalters ist er den Deutschen zunächst noch fremd.

Der Ehrenkampf, das Duell, taucht zuerst an ganz anderer Stelle auf! Das Duell läßt sich zuerst sicher nachweisen in — Spanien! Das Land, welches zuerst von dem Duell weiß, ist das Vaterland des — Don Quixote!

Unsere historischen Quellen lassen darüber gar keinen Zweifel. Aber ist es denn auch irgendwie auffällig? Mußte nicht der Wahn=

sinn des Duells zuerst in der Heimat des Ritters von der traurigen Gestalt, dem nach Cervantes Versicherung das „Gehirn ausgetrocknet" war, auftauchen? Mußten nicht gerade hier die ersten Duell= vorstellungen gegeben werden?

Die ersten sichern Nachrichten über das Vorkommen des Duells in Spanien stammen aus den ‧ Jahren 1473 und 1480. Ein spanisches Provinzialconcil (zu Aranda) spricht sich im Jahre 1473, ein Gesetz des Königs von Kastilien im Jahre 1480 gegen das Duell aus — Beweis genug, daß die Duelle hier schon häufig vor= kamen.

Wenn die Geschichte Spaniens zuerst von Duellen zu berichten hat, so stehen die anderen romanischen Völker in diesem zweifelhaften Ruhme den Spaniern nur wenig nach. Spätestens am Anfang des 16. Jahrhunderts sind Duelle auch bei den Italienern und Franzosen ganz an der Tagesordnung. Die Italiener sind den Franzosen wohl noch etwas voraus, sowohl was die Priorität anlangt, als in Bezug auf die Zahl der Fälle, in denen das Duell als zulässig gilt. Papst Julius II., der sich im Jahre 1509 wegen der häufigen Duelle, die namentlich im Kirchenstaat ausgefochten wurden, veranlaßt sah, gegen dies Unwesen vorzugehen, nennt als Ursachen der Duelle minima et inhonesta ac levia verba. Und der berühmte italienische Jurist Alciati (1492—1550) spricht von gewissen italienischen Fürsten, welche passim et sine delectu Duelle gestatten, und stellt dies Ver= fahren in Gegensatz zu dem, wie er behauptet, weniger weitherzigen französischen. Doch ist er über die tatsächlichen Verhältnisse Frankreichs vielleicht nicht recht orientiert gewesen. Jedenfalls waren zu seiner Zeit auch schon bei den Franzosen Duelle nichts ungewöhnliches mehr.

Die romanischen Nationen besitzen ‧ im 16. Jahrhundert bereits eine ansehnliche Litteratur über das Duell. Der eben erwähnte Alciati hat ein Rechtsgutachten über das Duell (consilium in materia duelli) und ein besonderes Buch über den Zweikampf (liber de singulari certamine) verfaßt. Er handelt in diesem über allerlei Arten des Zweikampfes, ganz überwiegend jedoch von dem Ehrenkampf. Aus Frankreich mag der Herr von Branthôme, ein viel gewanderter Mann (geboren um 1527), genannt werden. In seinem Buche über das Duell beschreibt er eine Unzahl von einzelnen Kämpfen. Auch die Dogmatiker der romanischen Länder sahen sich schon veranlaßt, auf das moderne Duell Rücksicht zu nehmen. So z. B. der bekannte Cardinal Cajetan (gestorben 1534), der uns Protestanten wegen seines Verhaltens Luther gegenüber nicht sehr sympathisch ist, der

aber einer der gelehrtesten Theologen seiner Zeit und ein nicht ver=
ächtlicher Charakter war. Aus den Erörterungen über das Duell, die
er in seinem Commentar zur summa theologiae des Thomas von
Aquino giebt, mag eine interessante Äußerung hier ihren Platz finden.
Nachdem er bemerkt, daß der Ehrenkampf bei den Toren (apud idiotas)
sehr viel, bei den Weisen nichts gelte, fügt er hinzu, man müsse sich
nach den Weisen, nicht aber nach der Majorität richten. Man kann
daraus zugleich entnehmen, daß zu seiner Zeit in seiner italienischen
Heimat die Mehrheit den Duellstandpunkt vertrat. Die genannten
sind aber keineswegs die einzigen Autoren der romanischen Länder,
die damals über das Duell geschrieben haben.

Wie ganz anders verhielt es sich dagegen in Deutschland damals!
Von einer Litteratur über das Duell ist hier noch keine Spur vor=
handen! Anderweitige Nachrichten über das Vorkommen des Duells
fehlen zwar nicht ganz, sind aber noch sehr dürftig und wesentlich
später als die aus den romanischen Ländern. Die erste unzweifelhafte
Notiz stammt aus dem Jahre 1562 und läßt überdies erkennen, daß
das Duell damals noch etwas neues in Deutschland gewesen ist. Die
Nachrichten aus den folgenden Jahrzehnten sind auch noch sehr spärlich.
Von einem lebhaften Anteil der Deutschen an der Duellbewegung
kann im 16. Jahrhundert jedenfalls nicht die Rede sein. Branthome,
der Duelle von sehr vielen Franzosen, Italienern und Spaniern auf=
zählt, erwähnt nur ein Duell, an dem auch ein Deutscher teilnahm,
und dies war ein in Frankreich lebender. Am Anfang des 17. Jahr=
hunderts mehren sich die Nachrichten über deutsche Duelle etwas.
Aber von wirklicher Einbürgerung des Duellwesens kann in Deutschland
doch erst seit dem dreißigjährigen Kriege die Rede sein.

Hiernach ist das Duell jedenfalls in den romanischen Ländern
viel älter als in Deutschland. Man könnte noch annehmen, daß es
hier, wenngleich später, doch noch selbständig entstanden ist. Das
wird aber dadurch ausgeschlossen, daß die bestimmten Formen und tech=
nischen Bezeichnungen, deren sich die Deutschen im Duellwesen bedienen,
die der Italiener und Franzosen sind. Wir dürfen deshalb das Duell
als eine romanische, nach Deutschland übertragene Erfindung be=
zeichnen.

Allerdings wird man einwenden, daß die allgemeine Form doch
dem alten germanischen Zweikampf entlehnt sei. Das Duell ist ja
in der Tat wie dieser eben auch Zweikampf. Allein die bestimmten
Formen und technischen Bezeichnungen sind beim Duell romanischen
Ursprungs, und romanischen Ursprungs ist ferner, was die Hauptsache

ift, der tiefere Gehalt des Duells. Wenn Alciati es als die Auf=
fassung der Italiener seiner Zeit bezeichnet ¹), daß der seine Ehre ver=
wirke, der den Vorwurf der Lüge anders als durch Kampf zurückzuweisen
suche, und wenn, was niemand bestreiten wird, mit dieser Auffassung das
Duell steht und fällt, so ist diese romanische Auffassung, wie wir ge=
sehen haben, dem Germanentum durchaus fremd. Wir finden eine
solche Auffassung außer bei den Romanen bei Botokuden und Indianern;
bei den Deutschen (soweit sie nicht von auswärts beeinflußt sind)
finden wir sie nicht. Das Duell taucht bei den romanischen Nationen
zu früh auf, als daß man an Entlehnung aus Amerika denken könnte.
Würde es aber erst einige Jahrzehnte später nachzuweisen sein, so
würde kein erhebliches Bedenken gegen die Vermutung sprechen, daß die
Spanier das Duell ebenso aus Amerika herübergebracht haben wie den
Tabak. Gneist hat schon darauf hingewiesen, daß in Louisiana das
Duell einen Beigeschmack indianischer Sitten habe. Man hat sich
also dem Brauch der Indianer angepaßt. Jedenfalls hätten die
Spanier die dem Duell zu Grunde liegende Auffassung von den
Indianern lernen können, von den Germanen dagegen nicht. Übrigens
mag hierbei an die auffallende Ähnlichkeit zwischen dem Rittertum
der Spanier und dem der Indianer erinnert werden: bei beiden die
gleiche Verachtung der Arbeit; bei beiden die Auffassung, daß die
einzige würdige Beschäftigung die Beschäftigung mit den Waffen sei;
bei beiden die Anschauung, daß der Kampf um des Kampfes willen
stattfinde. Von einem Indianerhäuptling könnte man auch sehr
gut einen Don Quixote schreiben. Beide Völker gehen zum großen
Teil gerade an dieser eigentümlichen Art von Ritterlichkeit zu
Grunde. —

Wenn soviel zweifellos feststeht, daß das Duell romanischen Ur=
sprungs ist, so interessiert uns nicht weiter die Frage, ob eines der
romanischen Länder es allein oder ob mehrere es unabhängig von
einander hervorgebracht haben. Es ist für unser Thema gleichgiltig,
ob es in Spanien entstanden und von da nach Italien und Frank=
reich übertragen ist oder ob Spanien, Italien und Frankreich als
Ursprungsländer neben einander in Betracht kommen. Wir wollen
uns auf die Bemerkung beschränken, daß, wie schon französische Schrift=

---

¹) Alciati sagt: Der Vorwurf der Lüge gilt als atrox iniuria, quam
si aliter quam ferro hi Thrasones aboleant, de honore suo actum arbi-
trantur, hincque frequens est provocationis exordium. Vgl. dagegen oben
S. 9 und 22 die Auffassung des Sachsenspiegels!

steller[1]) hervorgehoben haben, Frankreich von Italien mindestens stark beeinflußt (wenngleich wohl nicht in dem Grade wie später Deutsch=land von Italien und Frankreich) worden ist.

Nachdem wir nachgewiesen haben, wann und wo das Duell ent=standen ist, bleibt noch die Frage übrig, wie sein Ursprung zu er=klären ist. Wir erörtern jedoch auch diese Frage nur soweit, als es für uns von Wichtigkeit ist. Wir gehen also nicht darauf ein, ob das Duell in den romanischen Ländern an irgend welche mittelalter=lichen Einrichtungen äußerlich anknüpft. Denn das Duell wird ja nach Deutschland als etwas fertiges importiert; was kümmert es uns daher, in welchen Etappen sich etwa die Einrichtung im Auslande entwickelt hat? Dagegen ist es von hohem Wert festzustellen, welches Geistes Kind das fremde Product ist, das man bei uns eingeschmuggelt hat, unter welchen allgemeinen Verhältnissen, in welcher geistigen Atmosphäre es entstanden ist. Wenn wir darüber orientiert sind, so wissen wir weit besser, wie wir uns zu dem Eindringling zu stellen haben.

Man hat öfters, um die große Verbreitung der Duelle zu er=klären, darauf hingewiesen, daß am Ende des Mittelalters das Fehderecht beseitigt wurde, und die Vermutung ausgesprochen, daß eben deshalb die Kampfeslust der Ritter sich in den Duellen Luft zu machen suchte. Dies ist eine von den am fahlen Lampenlicht ersonnenen Erklärungen, die auf die tatsächlichen Verhältnisse keine Rücksicht nehmen. Kaum jemals war mehr Gelegenheit zur Ausübung kriegerischer Taten, zur Befriedigung der ungebändigtsten Kampfes=lust vorhanden als in der Zeit des Übergangs vom 15. zum 16. Jahrhundert, und zwar gerade in denjenigen Ländern, in denen das moderne Duell damals zuerst auftaucht: Spanier, Italiener und Franzosen standen damals in beständigem, in fast täglichem Kampfe mit einander. Wenn also das Duell ein Ausfluß unbefriedigter Kampflust wäre, so würde seine Entstehung gerade in dieser Zeit

---

[1]) „C'est du règne de Charles VIII que datent ces guerres d'Italie si funestes à nos armes et plus encore à nos moeurs. ... Le duel était alors fort en vogue en Italie. ... Les guerres d'Italie continuèrent sous François Ier, et le caractère chevaleresque de ce prince fournit aux duels un nouvel aliment. Non-seulement il en autorisa et présida plusieurs, mais il les encouragea même par son exemple, lors du fameux cartel qu'il envoya à Charles-Quint." Worte von Fougeroux de Campigneulles, histoire des duels, (Paris 1835), tom. I, p. 134. Noch Montaigne sagt im zweiten Buche seiner Essais, das 1580 erschien: „Nous allons étudier en Italie l'art de l'escrime et l'exerçons aux dépens de nos vies."

unverständlich sein. Man kann aber im Gegenteil sogar behaupten, daß die vielen Kriege jener Jahre die Duelle vermehrt und verbreitet haben. Zum mindesten haben die Spanier, Italiener und Franzosen sich damals ebenso im Kriege wie im Frieden duelliert. Selbstverständlich behaupte ich damit nicht, daß der Krieg an sich, mit Notwendigkeit das Duellwesen hervorbringt. Es kommt vielmehr auf die Art des Krieges an. Der deutsche Befreiungskrieg hat bekanntlich eine Verminderung der Duelle zur Folge gehabt. Aber die Kämpfer von 1813/14 zeigten auch Eigenschaften, welche den Heeren des 15. und 16. Jahrhunderts nur zu sehr fehlten. Der verschiedene Charakter der Heere erklärt die verschiedene Wirkung der Kriege. Die Krieger jener Zeit waren Söldner; sie kämpften nicht sowohl, weil sie das bedrohte Vaterland verteidigten, als vielmehr, weil sie den Kampf als Handwerk betrieben; sie empfanden, wie es beim handwerksmäßigen Beruf natürlich ist, an ihrer Tätigkeit, d. h. am kämpfen selbst Freude. Aber auch wenn man von den Söldnern absieht, sogar den Herrschern war der Kampf selbst damals zu sehr angenehme Beschäftigung, Zeitvertreib, Sport. Dies Verhältnis wird treffend durch eine Mitteilung des Cardinals Cajetan charakterisiert. Er erwähnt es als eine Sitte oder vielmehr Unsitte der Fürsten seiner Zeit, daß sie im Kriege nur des Schauspiels halber, nur um die Leistungen tapfrer Männer zu zeigen, Einzelkämpfe, etwa zehn und zehn von jeder Seite, gestatteten, während doch im gerechten, im wahren Kriege nicht ad ostentationem gekämpft werde. Hierin spricht sich so recht deutlich die Lust am Kampf als Kampf, am zwecklosen Kampf, am Kampfsport aus. Das ist offenbar eine Stimmung, die auch das Duell hervorbringen konnte. Wenn nun zu anderen Zeiten die Lust am Kampf sich vorzugsweise in Waffenspielen, in Waffenübungen geäußert hat, so begnügte man sich in jener Zeit damit nicht. Man wollte durchaus einen Menschenblut vergießenden Kampf. Ein französischer Historiker (Fougeroux) bezeichnet „le fureur homicide" als „le caractère distinctif de ce siècle". Für die romanischen Länder, in denen damals neben dem offenen Kampf in gleicher Weise der Meuchelmord blühte ¹), gilt dies Urteil unbedingt. Wie erwähnt,

---

¹) Der Meuchelmord in den verschiedensten Gestalten. Fougeroux (II, S. 285) sagt über die (zur Zeit der französischen Expeditionen sehr häufigen) Turniere in Italien: la perfidie italienne fit plus d'une fois dégénérer ces combats en véritables duels et même quelque chose de pis.

bemerkt Alciati, daß Fürsten Duelle gestatten. Eben dies sagt auch Papst Julius II. in der angeführten Äußerung von 1509. Wir wissen aber, daß sie sie nicht nur gestatteten, sondern ihnen auch präsidierten. Und wenn wir uns fragen, weshalb sie es taten, so müssen wir leider gestehen, daß sie großenteils deshalb den Duellen beiwohnten, weil es ihnen Vergnügen machte, dem blutigen Schau= spiel zuzusehen. Die romanischen Länder haben in jener Zeit viele Fürsten gehabt, denen eine wahrhaft fürstliche Haltung fehlte, die zwar eine gewisse Art von Ritterlichkeit besaßen, eine Ritterlichkeit aber, mit der sich Falschheit und geradezu Niedrigkeit der Gesinnung aufs beste vertrugen. Eine typische Erscheinung dieser Art ist König Franz I. von Frankreich. Und eben von ihm ist es bekannt, daß es ihm Freude machte, Duellen zu präsidieren. [1]

Andere Erscheinungen jener Zeit, die geeignet sind, das Auf= kommen des Duells zu erklären, werden uns nahe gelegt, wenn wir uns erinnern, daß es zuerst in Spanien auftaucht. Cervantes hat eine Carricatur des spanischen Rittertums geliefert, die jedoch auch dessen Typus erkennen läßt. Schlagen wir nun Cervantes auf! Wir lesen da, daß die Phantasie des Ritters Don Quixote erfüllt war von „Bezauberungen und Wortwechsel, Schlachten, Ausforde= rungen, Wunden, Artigkeiten, Liebe, Qualen und anderm Unsinn". Man sieht, es ist vollständig die Duellstimmung. Warum aber er= füllte der Ritter seine Phantasie nur mit solchem „Unsinn"? Warum beschäftigte er sich nicht mit ernsten, mit gesunden Gedanken? Die Antwort lesen wir auf der Seite vorher: er hatte zu viel Zeit übrig! Seine „Muße betrug den größten Teil des Jahres"! Um zu arbeiten

---

[1] Vgl. Fougeroux II, S. 88: „la réputation du roi de France (Franz I.) était en ce genre si bien établie, que les amateurs de duels accouraient à sa cour de toutes les parties de l'Europe pour lui en donner le spectacle". Nachdem Fougeroux über die französischen Gesetze gegen Mordtaten allerlei Art gesprochen, ruft er aus (I, S. 104): „Que pouvaient de pareilles lois en présence des exemples contraires donnés par ceux-là même qui les signaient? François Ier qui faisait revivre dans sa personne cette vieille prérogative royale oubliée depuis Louis- le-Bègue, de trôner dans les champs clos; Henri II, qui suivait le funeste exemple de son père, avaient-ils bonne grâce à publier des édits sévères contre les homicides? Que dirai-je à l'auteur de la Saint-Barthélémi, et de celui qui faisait égorger un duc de Guise au milieu même de l'assemblée des états du royaume, où il réglementait contre les assassins?" Ein neuerer deutscher Historiker sagt von Franz I.: „Die sittlichen Sünden seiner Persönlichkeit hatten rings um ihn herum ver= giftend, wie die Anregung seiner vielseitigen Natur belebend und erweckend gewirkt".

war er zu vornehm. Die dem spanischen Hibalgo eigentümliche Ver=
achtung der Arbeit brachte ihn auf jenen „Unsinn"! Der alte Satz,
daß Müßiggang aller Laster Anfang sei, bewahrheilet sich hier aufs
neue. Ich bin übrigens nicht der erste, der die Entstehung oder Ver=
breitung des Duells mit dem Faulenzerleben in Zusammenhang bringt.
Der Franzose Fougeroux de Campigneulles hat schon im Jahre 1835
bemerkt, daß den Romanen des 16. Jahrhunderts das Duell als
passe-temps diente. [1]) Die Beweise für den inneren Zusammenhang
von Duell und Müßiggang lassen sich ja auch aus allen Jahrhunderten,
bis in die neueste Zeit hinein, erbringen. Als ein besonders inter=
essantes Beispiel will ich hier nur hervorheben, daß bei den Polen
in der Emigration, nach 1830, die Duelle häufiger wurden. Der
polnische Historiker Lelewel giebt selbst als einen Grund den Müßig=
gang an. [2])

Wir haben früher von dem Verhältnis des Kreises der „satis=
factionsfähigen" Personen zu dem der turnierfähigen und dem der
zum gerichtlichen Zweikampf berechtigten gesprochen. Die Verschieden=
heit zwischen ihnen ist erheblich. Immerhin jedoch wird bei der
Bildung des Begriffs der „Satisfactionsfähigkeit" das Vorbild der
beiden anderen Kreise von Bedeutung gewesen sein. Allein eine
größere Rolle dürfte dabei ein anderes Moment gespielt haben:
„satisfactionsfähig" wurden diejenigen, welche viel Zeit übrig hatten.
Insbesondere den „irrenden Rittern" wurde der Ruhm der „Satis=
factionsfähigkeit" zuerkannt. So ist es auch im allgemeinen in den
folgenden Jahrhunderten geblieben. Erst das 19. Jahrhundert hat
den Kreis erweitert: die Eitelkeit gewisser Klassen, die tatsächlich
durchaus keine Zeit für Duelle übrig haben, hat sie doch verlockt,
nach der zweifelhaften Ehre der „Satisfactionsfähigkeit" zu streben.
Andererseits haben manche Klassen, die früher wegen ihres Zeitüber=

---

[1]) Fougeroux I, S. 97: On vit aussi très fréquemment des chevaliers
espagnols ou portugais figurer, en champ clos, dans les divers pays
étrangers, où la fortune des armes les conduisait. Les histoires des
guerres de France et des Pays-Bas, surtout celles d'Italie sont pleines
du récit des prouesses, auxquelles on se livrait pour l'amour des dames
ou pour passer le temps dans les moments de trèves. Vgl. I, S. 101:
ressource, passe-temps ou consolation du repos.

[2]) Fougeroux II, S. 364 teilt aus einem Briefe Lelewel's folgende Worte
mit: „On se battait beaucoup plus sous Napoléon que sous les Russes,
et on se bat dans l'émigration par oisiveté, par suite de cet état de
souffrance et de démoralisation, qui rend toutes les susceptibilités
si facilement irritables."

fluffes „satisfactionsfähig" waren, heute noch vielfach das Duell festgehalten, trotzdem sie jetzt zu den vielbeschäftigtsten Menschen gehören.

Der Typus des irrenden Ritters, den Cervantes beschreibt, kommt auch in anderen Ländern, wenngleich in etwas wohlhabenderer Gestalt, im 15. und 16. Jahrhundert vor. Auch Italien und Frankreich haben in dieser Hinsicht ihre classischen Portraits. Die französischen sind uns noch am meisten sympathisch. Bei Bayard ist der Widerspruch zwischen sein und scheinen vielleicht noch am geringsten. Aber auch seine Figur entbehrt nicht der komischen Züge.

> „Lang, hager, würdevoll, galant mit Frau'n,
> „Dabei ein bischen komisch anzuschaun,
> „Hob er den Zeigefinger, wenn er schalt,
> „Als eine unvergleichliche Gestalt.
> „Man grüßte tief und raunte sich ins Ohr,
> „Der ‚Ritter ohne Tadel' sei ein Tor."

In Deutschland dagegen ist die Production an irrenden Rittern quantitativ und qualitativ weit geringer gewesen. Und eben damit, daß wir Deutschen von irrenden Rittern weniger wissen als die Romanen, hängt es auch zusammen, daß nicht wir, sondern die Romanen das Duell hervorgebracht haben.

Kehren wir aber nochmals zu Cervantes zurück. Nachdem er geschildert, wie ein Duell zwischen Don Quixote und einem verkleideten Lakaien durch zu frühe Nachgiebigkeit des letzteren verhindert worden war, bemerkt er über die in Schaaren herbeigeeilten Zuschauer: „die meisten waren traurig und ärgerlich darüber, daß die so sehnlich erwarteten Kämpfer sich nicht in Stücke zerrissen hatten, so wie sich der Pöbel betrübt, wenn er gehofft hatte, einen gehenkt zu sehen, der von der Gegenpartei oder von der Gerechtigkeit Vergebung erhält". Es sind Spanier, über die dies berichtet wird! Wer erkennt in den Gefühlen jener Zuschauer nicht sofort die Stierkampf-Stimmung?! Die Stimmung einer Species von Menschen, die sich über das vergossene Blut von Tieren und Menschen gleichmäßig freut und auch dem Stier zujubelt, der den Matador verwundet oder tötet, sie ist ein sehr geeigneter Boden für die Ausbildung des Duellwesens. Es ist wahrlich nicht Zufall, daß das Duell sich zuerst im Lande der Stierkämpfe zeigt. Wie jener Pöbel betrübt ist, wenn ihm das Vergnügen entgeht, einen gehenkt oder gemordet zu sehen, so wollen diejenigen, die den Duellstandpunkt vertreten (nach einer modernen Anschauung sind es alle „gebildeten"), durchaus nicht gestatten, daß ein Ehrenhandel friedlich beigelegt werde. Sie schreien und brüllen, es müsse „Blut fließen", die Beleidigung „durch Blut abgewaschen" werden.

Bei Cervantes kann man aber noch in vielen anderen Beziehungen die Erklärung für den Duellstandpunkt finden. Je mehr ich den Don Quixote betrachte, desto mehr finde ich das Duell donquixotisch. Wie Don Quixote mit einem berühmten Helden zu kämpfen glaubte, wenn ihm ein ganz gemeiner Kerl das Fell verbläute, so glaubt der moderne Duellant auf ritterliche Weise zu sterben, wenn er sich von irgend einem Schurken (der nur zufällig „satisfactionsfähig" ist) zusammenschießen läßt. Und wie der Ritter von La Mancha die unbeschreiblich mißgestaltete und übelriechende Freundin eines Eseltreibers als schöne und erhabene Dame, die nur der unvergleichlichen Dulcinea von Toboso nachstehe, anredete und zwei elende Dirnen als edle Jungfrauen verehrte und keinen andern Willen haben wollte als ihr Diener zu sein, so glauben moderne Duellanten, die sich wegen einer Chansonettensängerin von unzweifelhaft zweifelhaftem Rufe duellieren, in vollem Ernste einen wahren Ehrenkampf zu kämpfen, „ritterlich" für „Frauenehre" einzustehen. Alle diese Illusionen sind nur dem möglich, dem, wie dem Ritter von der traurigen Gestalt, das „Gehirn ausgetrocknet" ist, oder dem, der das ohne Prüfung als richtig hinnimmt, was vor Jahrhunderten Ritter mit „ausgetrocknetem Gehirn" erdacht haben. Von den Verteidigern des Duells wird regelmäßig als angeblich wirkungsvollster Triumph ausgespielt, daß eine befriedigende Sühne für Ehebruch nur der Zweikampf biete. Wenn aber Herr A Herrn B im Ehebruch mit seiner Frau in flagranti ertappt, ihn fordert, sich von ihm krumm schießen läßt, ein Jahr darauf vom Fahrstuhl aus ihn als Gatten seiner bisherigen Frau lustwandeln sieht und dann die Überzeugung hat, daß die ganze Sache „vollkommen ehrenhaft" beigelegt sei, — wird das ein anderer verstehen können als ein Ritter, dem das „Gehirn ausgetrocknet" ist, oder der, trotz besserer eigener Einsicht, um jeden Preis die Gepflogenheiten alter spanischer Ritter mit „ausgetrocknetem Gehirn" nachahmen will? Wir kommen also immer wieder darauf zurück, daß das Duell eine Donquixoterie ist. --

Wie bemerkt, ist der irrende Ritter überwiegend eine Figur der romanischen Nationen. Wir werden jedoch schwerlich dessen leeren Schädel auf das Conto ihres Zusammenhangs mit dem alten Römertum setzen dürfen. Der alte Römer war für dergleichen viel zu solid. Wenn ein bestimmtes Element in den heutigen romanischen Nationen

für das sinnlose Blutvergießen und die andern Albernheiten des be=
ständig kämpfenden Ritters verantwortlich gemacht werden kann, so
ist es das keltische. Ich citiere hier einige Worte Mommsens über
das alte Keltentum. Er spricht einmal von der bei den Kelten vor=
handenen „entsittlichten und entgeistigten Gleichgültigkeit gegen fremdes
und eigenes Leben“ und weist auf die Erzählungen hin „von der keltischen
Sitte, beim Gastmahl zum Scherz zu rappieren und gelegentlich auf
Leben und Tod zu fechten; von dem dort herrschenden selbst die
römischen Fechterspiele noch überbietenden Gebrauch, sich gegen eine
bestimmte Geldsumme oder eine Anzahl Fässer Wein zum Schlachten
zu verkaufen und vor den Augen der ganzen Menge auf dem Schilde
hingestreckt den Todesstreich freiwillig hinzunehmen“. Ist da nicht
— so frage ich — das Duell schon vorhanden? Ist nicht mit den
Worten „entsittlichte und entgeistigte Gleichgültigkeit gegen fremdes
und eigenes Leben“ die treffendste Charakteristik des Duells gegeben,
die jemals hätte versucht werden können? Wiederholt sich das „zum
Scherz rappieren und gelegentlich auf Leben und Tod fechten“ nicht
im Duell? Und besteht nicht mit den anderen Äußerungen der
keltischen Gleichgültigkeit gegen das Leben auch genug Ähnlichkeit im
Duell? Hier wie da ist die Hauptsache ja die Bereitwilligkeit, um der
Bewährung des physischen Mutes willen das Leben wegzuwerfen. In
Bezug auf den Zusammenhang zwischen Duell und Keltentum mag
übrigens auch an die große Beliebtheit erinnert werden, deren sich
das Duell lange Zeit bei den Irländern erfreute. Die Duellwut des
Irländers war damals so bekannt, daß sie zum Sprichwort diente
(Irish duellist).

Das Duellwesen unter Heinrich III. von Frankreich.

In den romanischen Ländern war also das Duell etwa seit dem
Ende des 15. Jahrhunderts vorhanden. Nun ist freilich manche
Sitte, manche Bewegung in einem Lande aufgekommen und hat an=

scheinend sogleich im Volke tiefe Wurzel geschlagen. Allein durch die
Energie der Staatsgewalt oder etwa durch eine entgegengesetzte sociale
Bewegung ist sie dann doch in kurzem wieder beseitigt oder wenigstens
wesentlich eingeschränkt worden. Gerade auch das Duell hätte leicht
dieses Schicksal haben können. Das energische Vorgehen des Concils
von Trient gegen das Duellunwesen hat gute Früchte getragen. Diese
Wirkung wird uns durch eine charakteristische Erzählung Branthôme's
anschaulich gemacht. Er berichtet, wie zwei Edelleute, die sich durchaus duellieren wollten, zu dem Zweck von Italien nach der Balkan-
halbinsel übersetzen mußten, da ihnen durch die Beschlüsse von Trient
die Möglichkeit dazu auf christlichem Boden abgeschnitten war. Auch
läßt ja Cervantes den Herzog zu Don Quixote sagen, er möge sich
daran begnügen lassen, daß er ihnen ein offenes Feld in seinem Gebiet bewilligt habe, obgleich dieses schon gegen das Gebot des heiligen
Conciliums liefe, welches dergleichen Herausforderungen untersagt, und
darum könne er diesen Streit nicht in seiner ganzen Grausamkeit vor
sich gehen lassen. Hätte damals die Staatsgewalt überall die nötige
Festigkeit besessen, um die vom Concil gegebene Anregung praktisch
zu machen, so wäre das Duellunwesen gewis ausgerottet oder wenigstens
wesentlich eingeschränkt worden. Das Unglück wollte indessen, daß
die Staatsgewalt ihrer Aufgabe nur teilweise nachkam, teilweise sorg-
los die Dinge ihren Weg gehen ließ, teilweise sogar das Duellunwesen begünstigte. Am frevelhaftesten hat damals die Monarchie
in Frankreich ihren Beruf vernachlässigt. Frankreich hat in den
Jahren 1559 bis 1589 die denkbar erbärmlichsten Regenten, die
den hohen Ruhm, den sich die französische Monarchie des Mittelalters erworben hatte, gründlich verdorben haben. Ganz wesentlich diesen widerlichen Gestalten ist es zu verdanken, daß das
Duellunwesen in dem Frankreich der zweiten Hälfte des 16. Jahrhunderts eine Blüte erlebt hat, wie man sie weder vorher noch nach-
her gesehen hat.

Im Jahre 1559 kam in Frankreich Franz II. zur Regierung,
ein junger Mensch von fünfzehn Jahren, gebrechlich, strophulös,
von unentschiedenem Charakter und trägem Geiste. Schon 1560 starb
er. Sein Nachfolger war sein Bruder Karl IX., erst zehn Jahre alt.
Zeitgenössische Historiker machen die Bemerkung, auf eine imaginäre
Volljährigkeit sei eine tatsächliche Minderjährigkeit gefolgt. Karl IX.,
von ebenso gebrechlichem Körper wie Franz II., war in Bezug auf
geistige Anlage fast das Gegenteil von ihm. Aber eine schlechte Er-
ziehung — seine Mutter war Catharina von Medici! — verdarb die
guten Gaben, mit denen ihn die Natur ausgestattet hatte. Er zeigte

als König Leidenschaftlichkeit, aber keine Energie; er war ein elendes
Werkzeug in der Hand seiner ränkevollen Mutter. An seinem Namen
haftet die Erinnerung an die Greuel der Bartholomäusnacht. Im
Jahre 1574 folgte der dritte Bruder, Heinrich III. Seinen Charakter
mögen uns einige Sätze aus der Darstellung, die Henri Martin von
seiner Regierung giebt, veranschaulichen. „Une corruption mignardé
et doucereuse, une méchanceté pateline remplaçaient chez lui la
frénésie de Charles IX; mais la déraison était presque la même
chez les deux frères. . . . Il accorda sa faveur exclusive à de
jeunes aventuriers, qui, pour la plupart, n'avaient d'autre mérite
que leur bonne mine, leur licence et leur folle audace. . . . Il
fit quelques choix bien entendus; . . . mais il perdit le bénéfice
de ces choix en élevant des misérables, tels que René de Villequier
et François d'O, les Narcisse et les Pallas qui présidaient dans sa
cour impure à des mystères dignes de Néron et d'Elagabale. . . .
Les scandales de la cour ne se renfermaient pas dans l'enceinte
du Louvre: le roi et les courtisans promenaient leurs bacchanales
à travers la ville et initiaient les femmes de la bourgeoisie aux
moeurs des dames de la cour. . . . A chaque instant ce monarque
insensé semblait se complaire à violer toutes les lois morales et
sociales. . . . Henri, méprisé de tout le monde, avait tout le monde
à craindre. . . . Rien, dans notre histoire, n'offre la moindre
analogie avec cette cour de Henri III: il faut re-
monter aux époques les plus dépravées de l'antiquité
romaine pour retrouver un pareil mélange de débauche
et de férocité, de folie et de légèreté sanguinaire."

Das waren die Regenten, unter denen das Duellwesen sich in
Frankreich befestigt hat! Man muß leider sagen, daß diese Regenten die Franzosen zu Duellanten erzogen haben!

Unter Karl IX. ist allerdings, im Jahre 1566, ein Gesetz
gegen die Duelle erlassen worden. Allein der König hat darum
kein Verdienst: es ist ein Werk des großen Kanzlers L'hôpital.
Des Königs Sinn ging nicht dahin. Da L'hôpital bald darauf aus
dem Amte schied, so hat das Gesetz von 1566 praktische Bedeutung
so gut wie gar nicht erhalten. Noch viel weniger aber war Karls
Nachfolger Heinrich III. zu einem Vorgehen gegen das Duellwesen
geneigt. Wir schildern seine Stellung zum Duellwesen wiederum
mit Worten Henri Martin's:

„Les jeunes courtisans se jouent de la mort avec une sorte
de frénésie; ils se font un point d'honneur de défier, pour des

femmes perdues de débauches. . . . On n'entendait parler que
de duels, de guet-apens, d'assassinats: la cour était à la fois un
lieu de prostitution et un coupe-gorge. On peut voir dans le
journal de L'Estoile l'interminable liste des meurtres impunis.
Les gens de qualité ne connaissaient plus d'autre justice que
celle du poignard et de l'épée. On assassinait ses rivaux d'amour,
d'intérêt, d'ambition." Nachbem Henri Martin zur Erzählung der
Geschichte Heinrichs IV. übergegangen, wirft er einen Rückblick auf
die Zeit Heinrichs III.: „La fureur des duels n'avait cessé de
s'accroître parmi les gentilshommes, depuis le règne frivole
et sanguinaire de Henri III, qui, avide, comme les
femmes, d'émotions fébriles, ne donnait guère sa
faveur qu'à des duellistes. Le combat singulier était
devenu comme une espèce de folie épidémique. On
se battait pour les plus légers motifs, ou même sans motifs,
uniquement pour prouver sa valeur et son adresse."

Zu den berühmtesten Duellanten dieser Epoche gehörten eben
gerade die Mignons des Königs. Im Jahre 1578 starben zwei
von ihnen den Duelltod. „Le roi se tint enfermé plusieurs jours:
il embrassa les cadavres sanglants de ses favoris, fit tondre leurs
têtes, emporta et serra leurs blonds cheveux, commanda d'exposer
leurs corps sur des lits de parade comme on faisait pour les
princes, obligea toute la cour d'assister à leurs funérailles et leur
érigea de somptueux mausolées dans l'église Saint-Paul. Ses
regrets eussent touché, si l'on eût pu les attribuer à une amitié
honnête; mais ils ne firent qu'exciter l'indignation populaire. On
appela l'église Saint-Paul le ,sérail des mignons'."

Branthôme, der den französischen Hof sehr gut kannte, sagt in
seiner malitiösen Naivetät über die Neigung Heinrichs, diejenigen,
welche das nun einmal bestehende Duellverbot übertraten, zu be=
gnadigen: „bien souvent, quand aucuns y contrevenoient, il était
si bon qu'il ne les vouloit faire punir à la rigueur, car il
aimoit sa noblesse". Man kann keine grausamere Kritik üben,
als indem man die Nachsicht gegen Ausschreitungen als „Güte", als
„Liebe" bezeichnet. Diese „Güte" des Königs, seine „Liebe" zu
seinem Abel" war die Liebe eines Vaters, den es bekümmert, wenn
seine im Schlamm der Unsittlichkeit watenden Söhne in ihrem Ver=
gnügen gestört werden. Die Folgen jener „Liebe" sind nicht aus=
geblieben: der französische Adel hat für die ihm von Heinrich III.
bewiesene „Güte" furchtbar büßen müssen!

Ein neuerer deutscher Historiker sagt: „es ist auf französischem Boden der König, welcher die Entwickelung leitet". In der Tat, die schlechten französischen Könige haben dem Lande ebenso ihren Charakter aufgeprägt wie die guten. Die vielen Mordtaten, an denen die letzten Valois persönlichen Anteil hatten, die Nachsicht ferner, die sie den Urhebern von Mordtaten bewiesen, — sie haben wesentlich dazu beigetragen, den sittlichen Zustand des französischen Volkes in der zweiten Hälfte des 16. Jahrhunderts so ungünstig zu gestalten. Wenn sich · jetzt die Vornehmheit im Raufboldwesen äußerte, wenn jetzt die gentilshommes, wie ein Zeitgenosse klagt, gens-tue-hommes, gens-pille-hommes waren, wenn jetzt die Liebe zum Duell so weit ging, daß auch die Beteiligung der Secundanten am Kampfe Sitte wurde, so war das Königtum mit dafür verantwortlich. Man hat die absolute Geringschätzung des Lebens „eine Eigenschaft entweder stumpfer oder schwacher Seelen" genannt. Eben sie ist auch das Kennzeichen der teils stumpfen teils schwachen Valois, und diese Stumpfheit und Schwachheit hat sich auch auf den französischen Adel übertragen, der in seinen beständigen Duellen wiederum eine entsittlichte und entgeistigte Gleichgiltigkeit gegen fremdes und eigenes Leben bekundete.

Ein Jurist hat vor einigen Jahren Deutschland und Frankreich als „die classischen Länder des Duells" bezeichnet und die Vorliebe der Deutschen und Franzosen für das Duell aus ihrem offeneren, ehrlicheren und mannhafteren Charakter erklärt und umgekehrt den hinterlistigen, heimtückischen Italienern und Spaniern eine natürliche Neigung zum Meuchelmord zugeschrieben. Allein das Duell kann dies Lob leider gar nicht in Anspruch nehmen. Wir haben ja schon gesehen, daß das Duell zuerst gerade in Italien und Spanien erscheint. In Italien steht es noch heute in voller Blüte. Duell und Meuchelmord schließen sich gegenseitig ja keineswegs aus! Man darf im Gegenteil behaupten, daß da, wo das Duell blüht, im allgemeinen auch der Meuchelmord blüht. Die romanischen Nationen haben sowohl für das Duell wie für den Meuchelmord eine lebhafte Neigung. Duell und Meuchelmord sind ebenso romanische Nationallaster wie Ehebruch und Anarchismus. Und umgekehrt sind die Deutschen im Duell und Meuchelmord ebenso zu allen Zeiten Stümper gewesen wie im Ehebruch und Anarchismus. Vielleicht den stärksten Beweis für den Zusammenhang zwischen Duell und Meuchelmord liefert aber gerade Frankreich in der zweiten Hälfte des 16. Jahrhunderts: die Blütezeit, die hier das Duell hat, fällt mit einem wahren Zeitalter des Meuchelmordes zusammen, und König Heinrich III., der das Duell schützt und pflegt, ist zugleich einer der berüchtigtsten Meuchelmörder. Auch sonst läßt sich jener Zusammenhang bei einzelnen Personen beobachten. [1])

Der Theologe Cremer sagt: „je mehr die Sitte des Zweikampfs in Blüte steht, desto mangelhafter ist in Theorie und Praxis das Verständnis für wirkliche Ehre". Der Historiker darf auf Grund seiner Beobachtungen weiter gehen und sogar behaupten: desto mangelhafter ist der gesamte sittliche Zustand.

Den französischen Adel des 16. Jahrhunderts hat das Duell= wesen nicht blos sittlich geschädigt; es hat ihn auch decimiert. Wir erschrecken, wenn wir die Zahlen der damals jährlich durch das Duell umgekommenen Personen lesen. Man hat berechnet, daß unter dem Nachfolger Heinrichs III. beim damaligen französischen Adel auf zwei natürliche Todesfälle eine Tötung im Duell kam — ein Verhältnis, wie es kaum die verheerendsten Kriege bringen. Ein französischer Schriftsteller (Cauchy) spricht die Meinung aus, der gerichtliche Zwei= kampf des Mittelalters habe weniger Blut gekostet als das Duell. Vielleicht hat sogar das Duell allein im.16. Jahrhundert mehr Opfer geopfert wie der gerichtliche Zweikampf im ganzen Mittelalter. Jeden= falls bürstete der gerichtliche Zweikampf nicht so nach Blut wie das Duell.

Die Verheerungen, die das Duellwesen anrichtete, nötigten den Nachfolger Heinrichs III., Heinrich IV., ein strenges Gesetz gegen die Duelle zu erlassen. In diesem Edict erklärt der König, daß er sich halten würde für „indigne de porter le sceptre, s'il différoit davantage de réprimer l'énormité de ce crime par la sévérité des lois". Die französische Duellgesetzgebung, die sich im Anschluß an dieses Edict weiter entwickelte, hat leider, in Folge der inconsequenten Anwendung der Gesetze, nicht die Wirkung gehabt, die sie hätte haben können. ·Immerhin hat sie viel gutes geschaffen.

Wenngleich das Duell sich in Frankreich bis auf unsere Tage außerordentlicher Beliebtheit erfreut, so ist es doch seit dem 17. Jahr= hundert, im Vergleich zu dem Zeitalter Heinrichs III., in engere Grenzen eingeschränkt worden. Das Duell des 16. Jahrhunderts verhält sich zu dem des 18. und 19. wie ein Giftbaum, der wild und üppig seine Sprößlinge schießen läßt, zu einem, der, manierlich

---

[1]) Branthôme erzählt z. B. von einem Venetianer, einem Grafen Martinengo, daß er ein großer Duellant und entschlossener Meuchelmörder zugleich ge= wesen sei.

zugeſtutzt, als Zierpflanze in den Garten geſetzt iſt und durch ſein gefälliges Ausſehen ſeine innerſte Natur verdeckt. In der neuen, etwas manierlicheren Geſtalt ſieht das Duell ſo ſchlimm nicht aus. Allein wenn man wiſſen will, was es eigentlich iſt, dann muß man es im 16. Jahrhundert aufſuchen. Da erkennt man es in ſeiner wahren Natur, in ſeinem Urſprung. Und was iſt ſein Urſprung? Vergegenwärtigen wir uns die ſittlich verkommene Geſellſchaft im Zeitalter Heinrichs III. — da haben wir den Urſprung des Duells. Von jener Geſellſchaft iſt es ausgegangen, von ihr auch nach Deutſchland eingedrungen — eben in den Zeiten der letzten Valois taucht es ja auch in Deutſchland auf, während es ihm vorher fremd war.

Hiernach können wir das Reſultat unſerer Betrachtungen in den Satz zuſammenfaſſen: **das ſog. „Ehrenduell" iſt nicht ein Reſt von Einrichtungen des alten Deutſchen Rittertums, ſondern von Liebhabereien einer erbärmlichen Geſellſchaft, wie ſie kaum ſonſt das Mittelalter und die Neuzeit kennen.** Man hat gewiſſe Dinge für Handlungen ehrenwerter Leute gehalten, welche tatſächlich die Gewohnheiten einer recht ſchmutzigen Geſellſchaft geweſen ſind!

Das gewonnene Reſultat iſt gewiß geeignet, die Vorliebe weiter Kreiſe für das Duell abzukühlen. Wenn z. B. ein preußiſcher Offizier die Worte Henri Martin's lieſt: „le règne frivole et sanguinaire de Henri III, qui, avide, comme les femmes, d'émotions fébriles, ne donnait guère sa faveur qu'à des duellistes" — wird er dann noch in dem Duell einen Ausdruck Deutſcher Ritterlichkeit, geſunder Männlichkeit ſehen? Ganz beſonders aber der Deutſche Adel wird es vorziehen, ſich von einer entſittlichenden Verwälſchung (der er übrigens doch nur verhältnismäßig kurze Zeit und nie vollſtändig verfallen geweſen iſt) loszumachen. Freilich haben viele Deutſche Adlige der Neuzeit auch ohne nähere Kenntnis von dem unreinen Urſprung des Duells ſchon energiſch ſeine Beſeitigung gefordert und ſprechen mit dem edlen Grafen Keyſerling:

„Es iſt endlich an der Zeit, uns von einer Sitte zu befreien, die gegen unſere heiligſten Gefühle, gegen

unsere innerste Überzeugung und gegen alle sittlichen Vor=
stellungen von Recht streitet, von einer Sitte, die uns
zu Handlungen zwingt, die wir weder vor unserem Ge=
wissen, noch vor den Gesetzen, nach denen wir leben,
rechtfertigen können, zu Handlungen, die unserem eigenen
besseren Willen und Wissen widerstreben."